Escritura, sua capacidade de percepção narrati-
pastoral exigem recomendá-lo, o que faço com
todos se acheguem à mesa posta para o grande
por certo, será essa leitura.

alle. Pastor da Igreja Batista do Redentor,
donda, RJ; professor de Grego e Novo Testa-
Seminário Martin Bucer

ra de "*Ester na casa da Pérsia*" você se sen-
ativa desta belíssima e intrigante história,
a cativante, pastoral, com toques de con-
impressionante e repleta de detalhes
is e teológicos que fazem a gente se sentir
Ester. Impossível não se deixar levar pela
o, Emilio tem o talento de nos levar a
tunas reflexões sobre o significado e de-
de Deus em um mundo cada vez mais

n. Pastor na Igreja Evangélica Batista
Ribeirão Preto, SP; chanceler e profes-
teológicas da Organização Palavra da

meira vez que conheci o Emilio, foi na
s 2018. Assim que ele terminou de
ipe da Editoria Fiel e disse: "alguém
ele prega e escreve". Três anos depois,

Em *Ester na Casa da Pérsia* o pastor Emilio Garofalo Neto repete o sucesso de seu livro *Isto é Filtro Solar* ao brindar a igreja, em linguagem clara, bela e criativa, com a instrução bíblica de que tanto necessitamos nestes tempos de "exílio" e peregrinação. As lições que ele traz do livro de Ester são extremamente necessárias para o povo de Deus que olha, através dos desafios e aparentes reveses, para a expectativa do "dia da vitória de Deus".

Davi Charles Gomes. É pastor na Igreja Presbiteriana Paulistana, São Paulo, SP; é o diretor executivo da
World Reformed Fellowship;

Calvino dizia que é possível, apenas com uso da palavra, fazer alguém imaginar Cristo sangrando na cruz diante de nós. Ele chama esse tipo de pregador de "artesão da palavra". A igreja precisa muito desses artesãos, pois são eles que, com as palavras, despertam a nossa imaginação. Emilio Garofalo Neto está indiscutivelmente entre os nossos melhores artesãos. Se você nunca imaginou Ester como se ela estivesse diante de você, espere só até ler *Ester na casa da Pérsia*.

Jonas Madureira, pastor da Igreja Batista da Palavra; professor de teologia no Seminário Martin Bucer; autor de "O custo do discipulado: a doutrina da imitação de Cristo".

Se você conhece as pregações de F
que ele une exposição fiel das Escr

teológica, e uma interação inteligente com a cultura contemporânea. É difícil encontrar outro pregador que consiga unir essas três virtudes tão bem quanto faz o Emílio. Este livro é mais uma dose de pregação assim! Prepare-se para ouvir instruções divinas para a vida no exílio.

Heber Carlos de Campos Jr. Pastor da Igreja Presbiteriana do Parque das Nações, Santo André, SP; autor do livro "Amando a Deus no Mundo: por uma cosmovisão reformada".

Emilio Garofalo tem um raro talento com palavras. Seus textos são profundos, graciosos, bem pesquisados e escritos com leveza e humor. E, nessa reflexão sobre a história da rainha judia Ester na Pérsia em tempos muito perigosos, estas qualidades estão todas presentes. Recomendo esse livro tão relevante aos cristãos, vivendo no exílio, mas confiando na providência do Deus todo-poderoso.

Franklin Ferreira. Pastor na Igreja da Trindade, São José dos Campos, SP; cofundador e diretor do Seminário Martin Bucer; presidente do Conselho da Coalizão pelo Evangelho.

Não se engane com o sorriso das palavras nem com o humor das referências culturais, Emílio Garofalo Neto vai tirá-lo de sua zona de conforto: é hora de despertar do carnaval da assimilação mundana, deixar de camuflar sua fé e assumir sua identidade cristã no lugar em que Deus te colocou.

vemos as palavras do Emilio ganhando perpetuidade, seus livros estão chegando. Tenho certeza de que, assim como aconteceu comigo, este livro irá te proporcionar a mesma experiência que tive com a teologia e ideias do Emilio: maravilhamento. Boa leitura!"

Thiago Guerra. Pastor na Igreja da Trindade, São José dos Campos, SP; diretor executivo da Coalizão pelo Evangelho.

EMILIO GAROFALO NETO

ESTER NA CASA DA PÉRSIA

E A VIDA CRISTÃ NO EXÍLIO SECULAR

G237e Garofalo Neto, Emilio
Ester na casa da Pérsia : e a vida cristã no exílio secular / Emilio Garofalo Neto. – São José dos Campos, SP: Fiel, 2021.

Inclui referências bibliográficas.
ISBN 9786557230268 (brochura)
9786557230305 (epub)

1. Bíblia. A.T. Ester – Crítica, interpretação, etc.. I. Título.

CDD: 222.906

Catalogação na publicação: Mariana C. de Melo Pedrosa – CRB07/6477

ESTER NA CASA DA PÉRSIA:
e a vida cristã no exílio secular

Copyright © 2021 por Emilio Garofalo Neto

∎

Copyright © 2021 Editora Fiel

Primeira edição em português: 2021

Todos os direitos em língua portuguesa reservados por Editora Fiel da Missão Evangélica Literária

Proibida a reprodução deste livro por quaisquer meios sem a permissão escrita dos editores, salvo em breves citações, com indicação da fonte.

∎

Diretor: Tiago Santos
Editor-chefe: Tiago Santos
Revisão: Marilene Lino Paschoal e Gabriel Oliveira dos Santos
Capa: Rubner Durais
Ilustrações: Eugène Flandin
Diagramação: Rubner Durais
ISBN impresso: 978-65-5723-026-8
ISBN eBook: 978-65-5723-030-5

Caixa Postal 1601
CEP: 12230-971
São José dos Campos, SP
PABX: (12) 3919-9999
www.editorafiel.com.br

Dedico à minha filha Débora, pequena princesa do povo do Senhor. Sua coragem em face do que você julga injusto, sua docilidade quando convencida do que é certo e sua disposição em lutar farão diferença no mundo escuro. Você é como a abelha rainha que Deus usa para adoçar a vida, ao mesmo tempo em que está armada e é capaz de se defender. Que em sua vida a providência lhe seja sempre amável. Seu Pai celestial sabe melhor do que eu como cuidar de você. Vou sofrendo, lutando, sorrindo e pronto a morrer por você. Amo você um "gogolhão". Nosso amor é, acima de tudo, acerca daquele dia final.

SUMÁRIO

Agradecimentos 13
Introdução 15

Ester 1
A vida na casa da Pérsia 19

Ester 2
A princesa da Pérsia 45

Ester 3
Não mais 71

Ester 4
Quando chega a hora de decidir 91

Ester 5
Convites e banquetes 107

Ester 6
Honra e vergonha na casa da Pérsia 123

Ester 7
Vida e morte na casa da Pérsia 139

Ester 8
Virada de jogo 155

Ester 9 e 10
Triunfo e festa na casa da Persia 171

AGRADECIMENTOS

São muitos os moradores desta grande casa ocidental a quem preciso agradecer.

Aos meus copastores, Daniel Piva e Tarcízio Carvalho. Vossa ajuda me é mais que preciosa, ela é essencial. Ajudam e muito quando aqui na casa da Pérsia é mais fácil fingir que não somos povo. Ajudam a lembrar.

Agradeço aos amados da Editora Fiel, Tiago Santos, Vinícius Musselman e tantos outros que com sua amabilidade me ajudam tremendamente.

Aos presbíteros da Igreja Presbiteriana Semear por me permitirem o tempo necessário para trabalhar neste projeto. Flávio, Joldes, Aldegundes, Lopes e Mansano, vocês são um deleite.

Aos semeadores, que alegremente se prestam a me ouvir pregar todo santo domingo.[1]

À família, em particular Anelise e Débora, que perdem muito para que você, leitor, ganhe.

Aos meus irmãos e irmãs em Cristo de quem extraio força, exemplo e ânimo para viver a vida na casa da Pérsia secular ocidental em que habitamos.

---

1 Todo domingo é santo, é só o jeito de dizer.

Aos pastores Marty Martin, Carl Kalberkamp, Jeff Elliott e tantos outros que com sua dedicação ministerial me lembram que a vida cristã é ferozmente bela e arriscada, mas totalmente desejável. A tantos amigos do povo de Deus espalhados pelo mundo, Benji e Joy Brewer, John e Ashleigh Perritt nos Estados Unidos, os muitos irmãos da Global em Queenstown, os amigos do Nepal... como é bom pertencer a um povo universal.

Aos colegas do *Literatura & Redenção* que sempre apoiam meus devaneios literários. Em particular, à Ana Paula, que mais uma vez serviu como leitora beta e fez valiosíssimas sugestões.

Tem dias em que dá vontade de ser assimilado, confesso. Ver vocês resistindo me ajuda a resistir também. Obrigado, queridos.

INTRODUÇÃO

O livro de Ester é uma dessas histórias bíblicas que é conhecida em parte, mas não em sua mensagem completa. Muitos cristãos estão familiarizados com a parte inicial da história, mas não com o meio para o final. Talvez seja por causa da forma que ensinamos para as crianças, combinada com o fato de que poucas vezes se prega em Ester para os adultos. Nessas introduções é sempre importante gastar um tempinho explicando algo sobre o livro em si. Quem o escreveu? Infelizmente não o sabemos. Claro que há especulações. Seus eventos se passam quando? No período após o exílio do povo de Deus, e sua história se entrelaça com os períodos de Neemias e Esdras. A história se passa em Susã da Pérsia, e falaremos mais sobre isso ao longo do livro.

É uma história num mundo, ao mesmo tempo, muito distante e muito similar ao nosso. Exploraremos isso com calma, mas já vale dizer que embora o mundo mude, culturas surjam, impérios caiam, o ser humano invente coisas, seguimos sendo a mesma humanidade rebelde. E as desventuras e ideias de uma cultura há muita vencida continuam nos ensinando positiva e negativamente.

16 | ESTER NA CASA DA PÉRSIA

Este livro não é um comentário, estritamente falando. Não tenho a competência linguística necessária em hebraico para isso, e já temos muitos bons livros nessa linha. O leitor interessado em ir além pode seguir as indicações bibliográficas ao longo do livro e procurar mais material nas boas editoras do ramo.

Há por parte de muitos cristãos uma certa estranheza acerca do livro de Ester por causa da aparente ausência de Deus. Espero que ao longo da leitura desta obra essa impressão desapareça. É claro, essa história se tornou fonte de profundo alento para o povo judeu ao longo da história, trazendo esperança mesmo nos tempos mais amargos. Bryan Gregory conta que:

> "Essa narrativa era tão poderosa que Hitler baniu a leitura do livro de Ester, e os nazistas matavam no ato qualquer judeu nos campos de concentração que fossem pegos com ele. Ainda assim, muitos judeus eram capazes de criar cópias a partir da memória."[1]

Como ficará claro, é uma história muito querida ao povo judeu. Pretendo, entretanto, ajudar o leitor a perceber que muito mais que isso, essa história pertence a todo o povo de Deus. A igreja é o Israel espiritual que se espalha pela terra. Os filhos de Abraão são os que creem nas promessas de Abraão. A história de Ester é Palavra de Deus

---

1 Gregory, Bryan R. *Inconspicuous Providence: The Gospel According to Esther* (Gospel According to the Old Testament) (Phillipsburg, NJ: P&R Publishing, 2014). Kindle Edition. LOC 2430-2432.

INTRODUÇÃO | 17

para o povo eleito de todas as tribos, línguas e nações, que é odiado pelo mal, que se identifica pela fé com Jesus Cristo.[2] E não foram poucas as ocasiões em que os inimigos de Deus e de seu ungido tentaram exterminar o povo do Senhor. Esse livro traz alento. Ele mostra que Deus, mesmo que pareça estar escondido, sempre está agindo. Como diz Bryan Gregory: "Na superfície, o mundo pode parecer um desenrolar sem sentido de injustiça e destino, mas abaixo da superfície está a mão providencial de Deus, orquestrando todas as coisas para atingir seus propósitos".[3]

Essa é uma história que precisamos conhecer melhor. Ela serve de espelho ao nos expor, e de luz ao nos direcionar. É importante olhar para trás e lembrar das histórias de nosso povo: "Se o povo de Deus vai permanecer fiel, ele precisa olhar para trás na história e confiar que o Deus que os livrou no passado irá livrá-los novamente".[4]

No início de cada capítulo trago algumas citações de obras diversas para ilustrar princípios que discuto no texto. Não estou com isso, necessariamente, endossando essas obras.[5]

Vamos à história, então.

---

2 Webb, Barry G. *Five festal garments. Christian reflections on The Song of songs, Ruth, Lamentations, Ecclesiastes and Esther.* (Downers Grove, IL: IVP, 2000), p. 131.

3 Gregory, *Inconspicuous Providence*, LOC 175, 176.

4 Cain, Timothy. *The God of Great Reversals*: The Gospel in the Book of Esther (Unknown, Kindle Edition), p. 7.

5 Você já devia saber que é assim, mas vale avisar. Quero poupar o editor de cartas enfurecidas.

ESTER 1
A VIDA NA CASA DA PÉRSIA

"Tudo no mundo é a respeito de sexo, menos o sexo. Sexo é a respeito de poder.", Oscar Wilde.

"Se eu preferia ser temido ou amado? Fácil. Quero que as pessoas tenham medo de mim enquanto me amam.", *The Office* – Michael Scott.

"Não estamos interessados no bem dos outros; estamos interessados apenas em poder, puro poder.", 1984 – George Orwell.

"E ninguém tem o mapa da alma da mulher.", *Entre a serpente e a estrela*, canção de Zé Ramalho.

"Há apenas duas questões a respeito das quais os seres humanos brigaram ao longo da história. Quanto você me ama? E quem é que manda?", *Comer, rezar e amar* – Elizabeth Gilbert.

Assim começa o glorioso livro de Ester:

1.1 Nos dias de Assuero, o Assuero que reinou, desde a Índia até à Etiópia, sobre cento e vinte e sete províncias,

1.2 naqueles dias, assentando-se o rei Assuero no trono do seu reino, que está na cidadela de Susã,

1.3 no terceiro ano de seu reinado, deu um banquete a todos os seus príncipes e seus servos, no qual se representou o escol da Pérsia e Média, e os nobres e príncipes das províncias estavam perante ele.

O que nos impressiona nos poderosos deste mundo? O que lhe faz sonhar acordado? O que leva você a soltar suspiros doloridos, pensando "ah, se eu pudesse..."? Qual é a capacidade que, a seu ver, faria com que os próximos anos fossem bem melhores? Será uma melhor situação financeira? É isso que lhe faz sonhar acordado com a mega-sena da virada? O que você faria com dezenas de milhões? Que tipo de problema você acha que essa riqueza resolveria? Quantas vezes você já não falou para si mesmo: "como seria bom não me preocupar se vai sobrar dinheiro para pagar os boletos!" Ou "como seria bom poder ir ao shopping sem checar o saldo! Como seria bom poder comprar aquele

A VIDA NA CASA DA PÉRSIA | 21

carro importado!"[1] Mas nem o IPVA dele você daria conta de pagar, não é? É poderio financeiro o que faria sua vida melhor?

Será a capacidade de entretenimento? Quem sabe o que faça falta mesmo seja a possibilidade de se divertir como parece que os poderosos fazem, ou mesmo como a sua turma faz. Você não sai com a frequência que gostaria, há tantos restaurantes na cidade que você, pelo jeito, não vai nunca conhecer, ou mesmo meros *food trucks* que você queria conhecer, mas não dá. São tantos os lugares que você vê nas redes sociais, no Brasil e fora dele. Você vê sua conta bancária, seu tempo escasso, sua saúde em declínio e seu emprego, e pensa que talvez daqui a uns anos será possível conhecer um ou dois desses lugares maravilhosos. O resto vai ficar nas fotos mesmo.[2] Ou outras formas de entretenimento; todo mundo falando dos seriados, dos filmes, dos livros, dos eventos, e você não consegue chegar nem perto de acompanhar. Como é que eles conseguem?

Parece que justamente quem já tem dinheiro é quem recebe cortesias, convites, prêmios, mimos. Não precisam ficar colocando alerta de preço de passagem no Google, não ficam caçando ofertas nos sites de viagens, não precisam se preocupar com vistos, com mala extraviada, com dificuldade alguma. Há pessoas que parecem viver vidas sem limitações. E você tem suas limitações inúmeras: de saúde, de dinheiro, de tempo e amarrações diversas.

---

1 Aston Martin. Ou Ferrari. Ok, Range Rover também.
2 Ou para quando Deus recriar o mundo. Imagina como vai ser bonito!

Você se sente do lado de fora, vendo a festa da vida pela janela? A vida acontecendo e você do lado de fora. Ou quem sabe nem na janela você chegue, apenas da sua rua escute os sons que vêm do palácio. Sim, a vida aqui neste mundo parece tantas vezes uma festa de poder e glória para a qual não fomos convidados. Ou pior, até fomos, desde que deixemos de lado algo que a gente não quer deixar: nossa identidade cristã.

O livro de Ester começa assim. Com uma festa. Com poderosos vivendo sem limites. Com luxo, com glória, com coisas pelas quais a humanidade anseia. Uma festa para a qual não nos chamaram. Não se deixe iludir, entretanto, pois o capítulo 1 de Ester nos mostra que os sonhos de poder e luxo deste mundo são apenas ilusões e facilmente se tornam tirania e vergonha.

A VIDA NA CASA DA PÉRSIA TEM PERIGOS AO CORAÇÃO DO POVO DE DEUS

Ester é um livro interessantíssimo e intrigante. É uma das famosas histórias do Antigo Testamento, e se você cresceu numa igreja evangélica provavelmente você ouviu essa história nas EBFs[3] ou na salinha de Escola Dominical, assim como a de Daniel na cova dos leões, de Rute[4] ou Davi e Golias.

---

3 EBF é a famosa Escola Bíblica de Férias, fonte de muitas alegrias e muito cansaço para muita gente em muitas partes do mundo. Muitas histórias para contar de EBF, não?

4 Posso sugerir um livro sobre Rute? Bem, já que você não se objeta, que tal tentar o meu livro "Redenção nos Campos do Senhor: o evangelho em Rute" (Brasília: Ed. Monergismo, 2018)?

A VIDA NA CASA DA PÉRSIA | 23

E possivelmente você ouviu coisas meio erradas e a ênfase ser colocada em lugares secundários. E, possivelmente, Ester parecia tão espetacular, tão santa e tão o que ela não era de fato.

A versão higienizada que vemos nas versões infantis pode ser bem enganosa para que a gente entenda o que é a vida na casa da Pérsia. A real história, entretanto, é bastante útil para o povo de Deus em todo e qualquer lugar.[5]

Quando se passa a história? Esse capítulo se passa em Susã, principal das cidades do grande, glorioso e poderosíssimo império Persa, que substituiu a Babilônia como superpotência mundial.[6] A Babilônia foi figura central na história da região, sendo inclusive a responsável pelo famoso exílio babilônico do povo de Deus. Mas impérios se levantam e impérios caem. E os poderosos babilônios não duraram muito, não. Foram substituídos pelos persas. E era um baita império. O texto fala de uma extensão vastíssima. Da Índia até a Etiópia, cento e vinte e sete províncias.[7] Era a

---

5 Afinal, Paulo disse que toda Escritura é inspirada e útil, não disse?

6 Bryan Gregory explica que o império tinha quatro capitais, sendo Susã localizada a cerca de 240 quilômetros do Golfo pérsico, onde hoje é a fronteira do Irã com o Iraque. Ver Gregory, *Inconspicuous Providence*, LOC 466. Franklin Ferreira explica que o local hoje é conhecido por Shush, ficando na atual província do Khuzestão, sudoeste do Irã. Ver Ferreira, Franklin, *Contra a idolatria do estado* (São Paulo: Vida Nova, 2016), LOC 100.

7 A Índia em questão é "a região noroeste do vale do rio Indo, que havia sido conquistada por Dario. Corresponde ao moderno Paquistão. Cuxe é a região ao sul do Egito. Originalmente, Cuxe era o nome egípcio para a área entre a segunda e a terceira catarata do rio Nilo. Na época de Xerxes, o termo era usado para significar Egito, Sudão e o norte da Etiópia". NIV, Cultural Backgrounds Study Bible, eBook: Bringing to Life the Ancient World of Scripture (Kindle Locations 101292-101295). Zondervan. Kindle Edition.

24 | ESTER NA CASA DA PÉRSIA

grande superpotência política e militar daquele tempo. Sua extensão seria o equivalente a duas vezes a Argentina atual. Sua área de domínio principal é o que hoje chamamos de Irã. Pense nisso: da costa Africana, Etiópia, até o Paquistão e chegando na Índia. É muita coisa.[8] Os tempos, entretanto, não eram fáceis para os persas, tendo Assuero derrotado uma insurreição de egípcios e rebeliões babilônicas.

Quem é esse rei? Assuero é o seu nome. Ele é o mesmo que Xerxes I. Talvez você conheça a história da guerra do império Persa contra os gregos. Tem a famosa história da batalha de Termópilas, os portões de fogo, com o famigerado Leônidas, os 300 de Esparta e tudo o mais.[9] A cronologia vai assim: Dario (pai de Xerxes) tenta uma primeira invasão e fracassa. Depois vem Xerxes (Assuero) e tenta novamente. O livro de Ester começa antes dessa invasão de Xerxes (Ester 1) e segue depois dela (Ester 2-9). E o tal rei que queria dominar a Grécia é esse Assuero da história.

A dinastia de reis persas é repleta de homens poderosos e cheios de ideias de grandeza. Ele era tratado como um deus. Sua vontade era absoluta. Essa é a situação do livro. E no que uma história que se passa num império que há muito virou pó pode nos ser útil?

O livro de Ester lida com alguns fatores profundamente úteis a nós hoje no Brasil. Uma questão muito importante é acerca de como Deus age. É um livro que mostra como

---

8   Amado leitor, não há problema em não ter um bom mapa-múndi na cabeça. Dê uma espiadinha em um, caso não esteja muito claro o que significa isso tudo.

9   Essa história é em si fascinante. Vale ir além do filme "300" e buscar conhecer mais sobre esses eventos. No mínimo, leia os quadrinhos do Frank Miller!

Deus está agindo no dia a dia, mesmo em contextos majoritariamente pagãos, de formas não óbvias aos nossos olhos. Ainda vamos terminar de ler o capítulo, mas ao fazermos, note a ausência de qualquer menção a Deus. Será que isso vai mudar ao longo do livro? Parece ser uma história sem Deus. De forma similar, é a realidade que nós devemos encarar em nosso próprio contexto. Precisamos lidar com a aparente falta de Deus: "O Deus que pode abrir o Mar Vermelho e ressuscita Jesus dos mortos não escolhe exercitar esse mesmo tipo de poder com muita frequência em nossa experiência".[10] Deus não aparece na nossa vida das formas explícitas e retumbantes que a gente gostaria. A vida na casa da Pérsia parece muitas vezes estranhamente sem Deus. Mas, como nos lembra David Strain: "A presença da ausência não é o mesmo que a ausência da presença".[11]

UMA VIDA NO EXÍLIO

O livro nos ensina muito sobre a vida em terra hostil. Como assim, terra hostil? A gente não vive na China, na Coreia do Norte ou no Afeganistão. Aqui não é a vida na casa da Pérsia. Vivemos em algo diferente do que Ester vivia, fato. Bem diferente. Mas há similaridades bem intrigantes. À medida que avançarmos na história, veremos isso com mais clareza. A vida na casa da Pérsia tem elementos similares à vida na casa secular do ocidente em que vivemos: uma espécie de

10 Ian Duguid, *Esther & Ruth* (Philipsburg, NJ: Presbyterian and Reformed Publishing, 2005), p. 5.
11 David Strain, *Ruth & Esther. There is a redeemer & Sudden reversals* (Geanies House, Scotland: Christian Focus Publications, 2018), p. 90.

era pós-moderna e pós-cristã. Uma era supostamente livre das amarras da superstição religiosa, guiada pela razão e que parou com a tolice infantil de procurar significado para a vida no sobrenatural. Uma era secular.[12]

Mike Cosper aponta para algo muito perspicaz. Costumamos pensar em Daniel como o principal livro bíblico que mostra como viver no exílio, com lições sobre como o povo de Deus deve viver quando dentro dos impérios deste mundo. E claro, há muito o que aprender ali.[13] Entretanto, Daniel, Hananias, Misael e Azarias foram levados para Babilônia tendo conhecido a vida em Israel. Eles se lembravam de como era a vida por lá. Eles tinham referência de um tempo em que as coisas haviam sido diferentes. Eles se lembravam da vida na casa de Israel. Esse não é o nosso caso. Nós nascemos em exílio. Nós nunca estivemos na terra prometida. Ouvimos, sim, histórias de como é a vida por lá. Como será. Mas nós só conhecemos mesmo é o mundo em exílio. Vivendo dentro da referência de povos pagãos que não amam ao Senhor. Vivemos nesta era secular e a cada dia parece surgir uma nova forma de pensar e agir que desafia abertamente o que a palavra de Deus nos diz. E, pior, olhamos a vida deles e

12 Aqui cabe uma rápida referência ao autor Charles Taylor bem como a James K.A. Smith e muitos outros autores que nos ajudam a entender melhor a realidade em que estamos. Aqui, inicialmente, vale dizer que a explicação secular para a era secular não é correta. Procure pelo material de Smith para melhor entender como o relato secular acerca da era secular é falso, e como as Escrituras têm uma melhor explicação para o tempo em que vivemos.

13 Aliás, para uma magnífica análise de Daniel nos termos de cultura e cosmovisão, veja o livro de Heber Campos Jr, *Amando a Deus no Mundo* (São José dos Campos: Ed. Fiel, 2019).

parece tão plausível a ideia de uma vida secular que seja plena, livre e feliz. E a gente segue essa religião que tem milhares de anos e, olhando honestamente, parece que nunca estamos plenos, livres nem felizes. Aqui, no exílio, parece que a gente nunca está em casa. A vida na casa da Pérsia pode ser dura para quem não quer se tornar persa.

Bryan Gregory diz algo parecido:

"A vasta maioria das pessoas hoje em dia verá sua própria experiência em Ester, muito mais do que em muitos dos livros da Bíblia [...] um mundo onde eventos e situações não mostram ações óbvias de Deus. Nada fora do ordinário, nada milagroso, e nada explicitamente sobrenatural. Na superfície, muitas vezes parece que Deus está ausente ou escondido da vista".[14]

Lembre-se que os persas não eram como os assírios e outros povos, eles eram mais razoáveis. Era comum deixarem reis de suas províncias intocados, caso jurassem lealdade ao império, pagassem seus tributos e não "aprontassem". Tinham o que o Mike Cosper chama de um pragmatismo religioso. Eles podiam manter a adoração ao seu deus original, desde que vissem tal deus como apenas um no grande panteão.[15] Geralmente funcionava bem, a não ser com povos bastante apegados ao monoteísmo.

---

14 Gregory, Bryan R. *Inconspicuous Providence*, LOC 120-124.
15 Mike Cosper, *Faith among the faithless. Learning from Esther how to live in a world gone mad* (Nashville, TN: Nelson Books, 2018), p. 10.

ESTER NA CASA DA PÉRSIA

Aliás, nisso há similaridade conosco. O problema que nossa cultura tem conosco não é por crermos no que cremos, *per se*, mas em não aceitarmos a pluralidade de crenças, a relativização de conceitos, o supermercado de ideias e preferências sobre a vida, sobre o corpo, sobre a sexualidade, e a liberdade de escolha em tantas coisas. Cosper diz: "Secularistas podem tolerar religião desde que ela não faça exigências sobre a felicidade ou o bem-estar de alguém".[16] A era secular traz consigo seus próprios ídolos, e eles são perigosos:

> "Vivemos na sombra dos ídolos que têm o que desejamos, que prometem nos curar se os adorarmos, e que sempre desapontam. Entronizamos poder, riqueza e sexualidade e esses deuses nos infligem mil traumas por meio de atacar a nossa inadequação".[17]

Essa é a realidade. E esse livro nos ajuda a ver como são essas coisas.

OS PODERES DESTE MUNDO AMAM EXIBIR SEU LUXO E RIQUEZA

Vamos ver o texto:

> 1.1 Nos dias de Assuero, o Assuero que reinou, desde a Índia até à Etiópia, sobre cento e vinte e sete províncias,
>
> 1.2 naqueles dias, assentando-se o rei Assuero no trono do seu reino, que está na cidadela de Susã,

---

16 Cosper, *Faith among the faithless*, p.14.
17 Cosper, *Faith among the faithless*, p.17.

1.3 no terceiro ano de seu reinado, deu um banquete a todos os seus príncipes e seus servos, no qual se representou o escol da Pérsia e Média, e os nobres e príncipes das províncias estavam perante ele.

1.4 Então, mostrou as riquezas da glória do seu reino e o esplendor da sua excelente grandeza, por muitos dias, por cento e oitenta dias.

1.5 Passados esses dias, deu o rei um banquete a todo o povo que se achava na cidadela de Susã, tanto para os maiores como para os menores, por sete dias, no pátio do jardim do palácio real.

1.6 Havia tecido branco, linho fino e estofas de púrpura atados com cordões de linho e de púrpura a argolas de prata e a colunas de alabastro. A armação dos leitos era de ouro e de prata, sobre um pavimento de pórfiro, de mármore, de alabastro e de pedras preciosas.

1.7 Dava-se-lhes de beber em vasos de ouro, vasos de várias espécies, e havia muito vinho real, graças à generosidade do rei.

1.8 Bebiam sem constrangimento, como estava prescrito, pois o rei havia ordenado a todos os oficiais da sua casa que fizessem segundo a vontade de cada um.

1.9 Também a rainha Vasti deu um banquete às mulheres na casa real do rei Assuero.

Logo após nos dar um pouco de detalhe sobre quem está reinando, e que a história começa no terceiro ano de seu reinado, entramos logo na ação. O livro começa com

30 | ESTER NA CASA DA PÉRSIA

uma festa! Uma festa projetada para mostrar a glória do rei. Franklin Ferreira explica que "o provável contexto seria uma reunião das principais autoridades do império para estudar uma campanha contra a Grécia".[18] Ou seja, o livro começa com uma festa projetada para impressionar. Será que terminará com festa também? É cedo para pensar nisso. Tem muita água para rolar debaixo dessa ponte persa.

Não é uma festinha simplória, mas uma celebração com toda a liderança do império. Líderes militares, políticos, e gente importante do império Medo-Persa. Todo mundo que era alguém estava lá. Havia também objetivos políticos e militares nisso tudo, inclusive a ideia de uma nova campanha contra a Grécia, em um lugar cheio de esplendor.

Como diz o verso 4, Assuero mostrou as riquezas da glória do seu reino e o esplendor de sua excelente grandeza! Comentaristas explicam que esse suntuoso palácio tinha trinta e seis colunas, cada uma com mais de 20 metros de altura, entalhadas, com belíssimos ornamentos, detalhes de ouro e coberturas de seda.[19] Foram 180 dias nessa farra. Assuero mostra para todo mundo que é alguém, o valor de quem ele é, e o que ele tem. Você imagina o tipo de coisa que ele mostrou? Tesouros, troféus de conquistas anteriores,

18 Ferreira, *Contra a idolatria*, LOC 107. Ferreira mostra como o historiador Heródoto fala de uma reunião dos principais da Pérsia a fim de planejar e tratar dessa campanha militar.

19 Cosper, *Faith among the faithless*, p. 2. Ele diz mais: "Eis o quão rico Xerxes era: alguns anos depois, quando a guerra com os gregos terminou em fracasso para a Pérsia, os persas recuaram, e os gregos tomaram seu acampamento, Heródoto escreveu que os gregos encontraram sofás de ouro e prata deixados para trás. Não moedas. Não estátuas. Sofás".

A VIDA NA CASA DA PÉRSIA | 31

objetos de metais preciosos, artefatos pilhados de povos que se dobraram perante os reis persas e assim por diante. Seis meses de festa! E o povo diz que o Carnaval dura muito.[20]

São dois momentos festivos diferentes. O primeiro é mais para os nobres. A partir disso, no verso 5, começa uma outra festa, essa para todo mundo. Do maior ao menor. Sete dias assim. Cada cidadão foi convidado. Imagine a música, as danças, a bebedeira, a celebração incessante, o vinho rolando solto e as línguas rolando frouxas. E o texto insiste em nos mostrar a glória opulenta do que ali se passa. Tecido branco, linho fino, estofas de púrpura e argolas de prata. A armação dos leitos era de ouro e prata. Pavimento de mármore e pedras preciosas. Os vasos para a bebida eram de ouro. Havia muito vinho real. Você acha que era vinho ruim? Tudo graças à generosidade real. Generoso mesmo esse Assuero, não? Será que essa generosidade é desinteressada?

Tantas vezes a generosidade dos poderosos está atrelada ao controle. Assuero pensa que precisa controlar até mesmo algo da diversão do povo. O verso 8 mostra uma regra muito estranha. Eles bebiam sem constrangimento, pois havia uma lei ordenando que ninguém devia ser obrigado a beber nem a deixar de beber. Não te parece um tanto excessivo e controlador? O rei precisa fazer uma lei para dizer que não há obrigação de beber. Como é? Não basta dar vinho para o povo. Tem que fazer uma regrinha para

---

20 Bem, dura muito mesmo. Ao menos é bom para fazer retiros! Imagine um retiro de 180 dias! Haja comida.

determinar que o consumo não deve ser regulado. Uma regra para dizer que não deve haver regra.

É preocupante ver como os poderosos deste mundo tantas vezes querem controlar tudo sobre nós! Afinal, são poderosos, não são? Não é assim somente com os governos poderosos. Também os artistas poderosos, formadores de opinião, professores e outros grupos patrulham nossas opiniões e querem ditar o que é o bom pensamento ou não.

Como você se sente ao ler sobre essa festança? Impressionado? Invejoso? Querendo um convite? Meio revoltado? O dinheiro do governo é dinheiro de quem? Você queria participar? Deus me livre, mas quem me dera? Quando a gente vê os excessos, as festas mirabolantes, os castelos e ilhas dos famosos, os supercarros importados, os vestidos de milhares de dólares que são usados uma só vez, a quantidade de camarão que é desperdiçada, os iates e as joias, como fica o nosso coração? Curioso nisso tudo é se mostrarem generosos ao mesmo tempo que nos dizem até o que devemos ou não beber.

Este mundo tem poder, tem glória e opulência? Tem. Tem generosidade? Tem também, embora a gente desconfie um pouco dela. Tem gente poderosa que reina sobre nós na nossa casa da Pérsia, o mundo secular. Às vezes queremos ser chamados para participar um pouquinho da festa, mesmo que sejam só por sete dos cento e oitenta dias. A verdade é que, por vezes, ficamos pensando: "será que o império deste mundo é tão ruim assim? Será que a era em que vivemos, que a filosofia deste mundo, a forma de pensar e agir que são padrões no mundo em que vivemos são mesmo danosos? Que bom que você perguntou. Vejamos um exemplo de como a coisa anda.

OS PODERES DESTE MUNDO
NEM SEMPRE VISAM AO BEM DE TODOS

A história segue:

> 1.10 Ao sétimo dia, estando já o coração do rei alegre do vinho, mandou a Meumã, Bizta, Harbona, Bigtá, Abagta, Zetar e Carcas, os sete eunucos que serviam na presença do rei Assuero,
>
> 1.11 que introduzissem à presença do rei a rainha Vasti, com a coroa real, para mostrar aos povos e aos príncipes a formosura dela, pois era em extremo formosa.
>
> 1.12 Porém a rainha Vasti recusou vir por intermédio dos eunucos, segundo a palavra do rei; pelo que o rei muito se enfureceu e se inflamou de ira.
>
> 1.13 Então, o rei consultou os sábios que entendiam dos tempos (porque assim se tratavam os interesses do rei na presença de todos os que sabiam a lei e o direito;
>
> 1.14 e os mais chegados a ele eram: Carsena, Setar, Admata, Társis, Meres, Marsena e Memucã, os sete príncipes dos persas e dos medos, que se avistavam pessoalmente com o rei e se assentavam como principais no reino)
>
> 1.15 sobre o que se devia fazer, segundo a lei, à rainha Vasti, por não haver ela cumprido o mandado do rei Assuero, por intermédio dos eunucos.

1.16 Então, disse Memucã na presença do rei e dos príncipes: A rainha Vasti não somente ofendeu ao rei, mas também a todos os príncipes e a todos os povos que há em todas as províncias do rei Assuero.

1.17 Porque a notícia do que fez a rainha chegará a todas as mulheres, de modo que desprezarão a seu marido, quando ouvirem dizer: Mandou o rei Assuero que introduzissem à sua presença a rainha Vasti, porém ela não foi.

1.18 Hoje mesmo, as princesas da Pérsia e da Média, ao ouvirem o que fez a rainha, dirão o mesmo a todos os príncipes do rei; e haverá daí muito desprezo e indignação.

1.19 Se bem parecer ao rei, promulgue de sua parte um edito real, e que se inscreva nas leis dos persas e dos medos e não se revogue, que Vasti não entre jamais na presença do rei Assuero; e o rei dê o reino dela a outra que seja melhor do que ela.

1.20 Quando for ouvido o mandado, que o rei decretar em todo o seu reino, vasto que é, todas as mulheres darão honra a seu marido, tanto ao mais importante como ao menos importante.

1.21 O conselho pareceu bem tanto ao rei como aos príncipes; e fez o rei segundo a palavra de Memucã.

1.22 Então, enviou cartas a todas as províncias do rei, a cada província segundo o seu modo de escrever e a cada povo segundo a sua língua: que cada homem fosse senhor em sua casa, e que se falasse a língua do seu povo.

A VIDA NA CASA DA PÉRSIA | 35

Poder pode ser usado para o mal, não pode? É o sétimo dia de festa e o coração real está alegre de vinho. E o que ele faz? Assuero tem uma ideia. Falta vocês verem um dos meus tesouros! E ele manda uma comitiva de sete eunucos buscar a rainha que estava tendo um banquete paralelo com as mulheres. O que ele quer com a rainha Vasti? Vasti era muito, muito bonita. Extremamente formosa. E o rei fala para ela vir com a coroa real, pois ele quer mostrar aos povos e aos príncipes a sua formosura. Imagina, ela está lá no banquete das mulheres e entram os sete eunucos e dizem algo como: "Senhora rainha, vamos lá, pegue a coroa, o rei quer lhe exibir". Há uma antiga interpretação judaica que entende que, ao convocar Vasti para aparecer usando a coroa real, ele estaria querendo mostrá-la apenas com a coroa, e nada mais. Provavelmente não era isso, entretanto, como Mike Cosper lembra bem, é a Pérsia. A chance de alguma humilhação de conotação sexual estar envolvida não é uma ideia biruta, não.[21]

De qualquer forma, não duvide: o objetivo é exibir o seu troféu para a turma.[22] Vasti surpreendentemente diz não. Ela não vai ceder. Ela se recusa. Imagine ser o eunuco que deu essa notícia para o rei? "Então, oh rei, viva para sempre, a Dona Vasti disse que não vem, não". Você gostaria de ser esse eunuco?

---

21 Cosper, *Faith among the faithless*, p.6. Bryan Gregory explica que esse tipo de exigência para com a rainha seria algo escandaloso e insultante, mesmo sendo feito pelo rei. Ver Gregory, *Inconspicuous*, loc 513.

22 Sim, muitas e muitas mulheres hoje em dia nem precisam de ordem real e se exibem sensualmente para o mundo todo ver sem compulsão alguma. Triste, não?

36 | ESTER NA CASA DA PÉRSIA

Assuero fica bem enfurecido com isso. Ele quer mostrar seu poder. Porém, ele não detém de fato o maior poder. Ele tem dinheiro; ele tem, sim, a capacidade de empalar pessoas com um simples comando. Ele tem um harém e inúmeros súditos. Mas esse poder, no final das contas, não é lá muita coisa. Nem o coração de sua esposa ele controla. Ele não tem poder sobre o coração. Aliás, nem o seu próprio coração ele controla. Veja a ironia, esse poderoso governante não consegue nem mesmo convencer sua mulher a comparecer diante dele. Uma simples mulher, ou não tão simples assim, é a rainha afinal, mas nem todo o poderio do império persa é capaz de obrigá-la. Sabe de uma coisa? Talvez os poderosos não sejam assim tão poderosos. Talvez os poderosos não possam de fato dominar sobre o nosso coração. Isso deve ser libertador para você.

Ian Duguid explica que Vasti não conseguiu muita coisa a não ser punição e causar constrangimento. Mas que, mesmo assim, sua recusa mostra algo importante:

> "A recusa de Vasti serve de qualquer forma para revelar a fraqueza da lei para comandar o comportamento. Resistência é possível. Assimilação à vontade do império não é inevitável".[23]

A gente se sente assim, às vezes. Como se não tivesse jeito. Como se nossos filhos, nossas crianças e nossos jovens não tivessem como escapar da formatação mental desta era

---

23 Duguid, *Esther & Ruth*, p.11.

secular tão poderosa. Como se qualquer tipo de esforço de discipulado, de treinamento, de formação de cosmovisão fosse meio que inútil, afinal, este mundo é tão poderoso e tem tantos recursos.

Não é somente Vasti que o rei não controla. Como diz Matthew Henry: "Aquele que governa cento e vinte e sete províncias, não tinha controle sobre seu próprio espírito".[24] Ele tem um ataque de braveza e sobra ira para Vasti. Ele reúne seu conselho em busca de uma decisão. Supostamente é um grupo de sábios que entendem das coisas. Que impressionante, não? Os especialistas que aconselham o grande rei. Deve ser gente de altíssima sabedoria e que entende de fato como a vida funciona. Será mesmo? Sete príncipes dos medos e persas pensam sobre o que deve ser feito à rainha Vasti. Ela causou um baita constrangimento entre os poderosos. O supostamente sábio Memucã tenta uma solução mais ou menos assim: "Logo vai chegar a notícia em Susã que agora a mulher desafia o marido! Isso vai se espalhar pelo império. Hoje mesmo as princesas da Pérsia vão se recusar a fazer a vontade de seus maridos e haverá daí muito desprezo e indignação. Se parecer bem ao rei, é uma boa hora para um edito real que se escreva nas leis dos medos e persas e que não revogue. Retire dela a honra e o cargo e a gente manda cartas para todo lado, nas línguas de cada povo, ordenando que o homem mande na sua casa".

24 Matthew Henry's Concise Commentary on the Whole Bible. Disponível em https://biblehub.com/commentaries/mhc/esther/1.htm

38 | ESTER NA CASA DA PÉRSIA

Veja a Vasti. Considerando o poder e caráter de Assuero, até que ficou barato para ela. Perde o direito de comparecer diante do rei, o que pelo visto não era algo que a empolgava muito. Perde o título de rainha. O capítulo 1 de Ester está nos mostrando que os poderes deste mundo no final das contas se mostram vazios. Assuero queria comandar tudo e os detalhes de tudo, mas não consegue nem controlar sua esposa.

Note ainda a loucura que é essa lei no verso 22. Como se pode criar esse tipo de realidade por meio de lei? Como se vai exigir isso, se nem o próprio Xerxes conseguiu? É um decreto real. Toda a máquina governamental estará envolvida na disseminação dessa ordem. Gente para produzir os documentos em várias línguas, para levar pelo império todo. Imagina o povo na Etiópia, na Índia, cento e vinte e sete províncias, recebendo uma comunicação oficial do rei determinando que os homens mandem em casa.[25] É mais uma das tolices dos nossos poderosos: achar que basta haver leis e as pessoas não mais agirão de certa forma. Como Duguid nota, tudo o que essa lei consegue mesmo é assegurar que todo mundo ouvirá acerca da vergonha real.[26]

Perceba algo muito sério acerca dos poderosos deste mundo: eles são generosos para com os seus súditos até que os contrariemos. Ainda mais importante, note que o suposto poder deles não é tão grande assim. Não precisamos

---

25 Imagino os Etíopes dizendo algo como "agora que vocês dizem?" Ou os indianos debochando: "Sei, diga isso para ela!"
26 Duguid, *Esther & Ruth*, p. 12.

ficar impressionados. Eles não podem, em última instância, controlar nosso coração. Considere os sábios e poderosos deste mundo; cave bem e você vai encontrar o mesmo tipo de coisa que você encontra aqui. Gente que parece estar no controle, mas só enquanto toca a música. Quando para a música, corre cada um para tentar sentar-se numa cadeira.

E o povo de Deus nisso tudo? O que a gente faz com tudo isso? Aliás, onde está o povo de Deus? Entenda algo acerca da cronologia da história da salvação. Naquele momento da história, um bom grupo dos judeus, o grupo mais entusiasmado com a vida como povo de Deus, já havia retornado a Jerusalém na época do decreto de Ciro, no ano 538 a.c. É a história contada em Esdras, quando Deus levanta Ciro para cumprir a profecia de Jeremias. Os judeus que haviam permanecido em Susã, em grande parte já foram assimilados. Já estavam vivendo no exílio há um bom tempo. Muitos tinham nascido lá e não conheciam nada além da vida na casa da Pérsia.

Algo interessante se passa no que diz respeito a gerações de imigrantes. Quando uma geração migra, por exemplo, do México para os Estados Unidos, essa geração passa lá a vida, mas o castelhano segue sendo sua língua primária e seus costumes são mexicanos; há adaptações, mas não há mudança total. Já a geração que nasceu na nova terra se sente mais confortável no novo mundo. Cresceu ouvindo espanhol em casa, mas na rua, na escola, em geral ouve inglês. Conhece a cultura de onde veio, mas é uma pessoa vivendo entre dois mundos. A terceira geração nessa história

40 | ESTER NA CASA DA PÉRSIA

já está assimilada na cultura nova, mesmo que mantenha alguns aspectos da cultura de seus antepassados. A não ser que haja intenso trabalho de manutenção das características da cultura dos antepassados, a assimilação ocorrerá naturalmente.

Assimilação. No mundo em que vivemos, o risco de que o medo e assombro com os poderes nos levem à assimilação é real. Do mesmo jeito que as ações de Deus não pareciam ser claras, as ações do paganismo persa e dos povos conquistados eram bem reais perante os olhos israelitas. Como diz Ian Duguid:

> "O poder do império pagão era intensamente visível e tangível. Eles o ouviam diariamente nos passos dos soldados marchando e no barulho das rodas das carruagens. Eles o viam na riqueza opulenta e controle absoluto sobre detalhes da vida. Eles o cheiravam no incenso oferecido em cem templos pagãos autorizados pelo estado em toda parte".[27]

O poder do mundo era evidente aos sentidos. O poder de Deus parecia menos concreto, menos presente. Então, onde está o povo de Deus? Aqui e ali, participando da vida na casa da Pérsia, sendo governados por Xerxes e talvez rindo um pouco do que Vasti "aprontou".

Aliás, é um bom momento para voltarmos a algo que tratamos mais cedo. As coisas parecem tão estranhas. Não

---

27 Duguid, *Esther & Ruth*, p.5.

tem Deus na história. Não tem nem o povo de Deus na história até aqui. Que mundo é esse? O mundo em que vivemos é assim também. Tantas vezes parece-nos que Deus, sua Palavra, seu povo, são irrelevantes no grande esquema das coisas, não parece? Seja nas grandes decisões da política global, seja nos rumos econômicos e militares das nações, a gente olha e se sente pequeno mesmo. Para o povo de Deus vivendo em Susã, que interesse além das revistas de fofoca haveria no "babado" que aconteceu na festa de Assuero? Nenhum.[28] Mudou a rainha; grande coisa. Porém, como diz David Strain: "Deus está operando, mesmo na avareza, ganância, luxúria e orgulho de Assuero, para a glória de seu nome e salvação de seu povo".[29] Será? Bem, tem muita história pela frente. Vamos ver no que isso dá.

RINDO UM POUCO DOS PODERES DESTE MUNDO

O que a gente conclui disso tudo? Neste mundo cheio de poderes, em que vivemos no exílio, não devemos nos impressionar muito com os poderosos que parecem ter o que querem e podem viver com quaisquer meios que desejarem, nem com as vozes culturais que parecem ser a unanimidade acerca do que é a vida, do que é a verdade, do que é a boa vida.

Lembre-se de que eles não têm domínio nem sobre o próprio coração. Como Jesus nos mostrou em Lucas 12.15, a vida de um homem não consiste na abundância de seus bens.

---

28 Duguid, *Esther & Ruth*, p.14.
29 Strain, *Ruth & Esther*, p.94.

42 | ESTER NA CASA DA PÉRSIA

Nossa tentação vai ser a de sermos assimilados pela cultura do mundo, afinal eles parecem tão fascinantes! Ou quem sabe nos desesperarmos, pois eles parecem tão poderosos. Mas veja o que o livro está nos mostrando. Ian Duguid sugere que precisamos ver aqui um pouco de sátira mesmo.[30] Sátira remove o ferrão do que nos assusta ou impressiona. Eles são poderosos, sim, mas não dominam sobre o que é mais importante. São impressionantes, mas vazios. Duguid diz:

"O império do materialismo em que vivemos leva as coisas desesperadamente a sério. Eles querem que estudemos as leis do império e aprendamos como avançar de acordo com os padrões do império. Querem que sonhemos com banquetes de seis meses em jardins lindamente decorados, e que devotemos a vida a perseguir esse sonho. É fácil para nós ficarmos deslumbrados com a ostentação do império, mas, no que importa, ele é vazio de poder. O império deste mundo é um holograma sem real substância. Para nos defendermos do perigo de sermos assimilados, precisamos aprender a rir do império".[31]

Hoje o império secular em que vivemos parece tão poderoso e seu território é muito maior do que duas Argentinas. Mas ele é temporário. Eles não mandam em quase nada que de fato importe. Eles não mandam em corações.

---

30 Strain, *Ruth & Esther*, p.93, nos sugere que o livro de Ester está buscando mesmo nos fazer rir.

31 Duguid, *Esther & Ruth*, p.13.

E aqui no exílio é importante lembrar disso. Pois as vozes culturais o tempo todo nos dirão que a vida está nessas coisas. Está em sonhar acordado com o melhor que a riqueza pode comprar. Está em nos imaginarmos cheios de prazeres em festanças de 180 dias. Está em termos nossos desejos prontamente atendidos, por mais absurdos que eles sejam. E o livro de Ester começa lembrando-nos que não, não é assim. A opulência e a glória da realeza são falsas. A vida não consiste nisso.

É assim que os grandes reis deste mundo mostram a sua glória. Com farra, com festa, com fanfarra. Com crueldade para quem deveria estar sob sua proteção. Com preocupações sobre seu próprio poder sobrepujando a vontade alheia. É importante lembrar você acerca de um outro rei. Um que, como diz David Strain:

"Cujo reinado seja justo ao invés de caprichoso, cujos convites a nós sejam marcados por amor – não por luxúria ou anseio por poder. Um que não veja sua noiva como instrumento para auto engrandecimento, mas que se entregue por ela".[32]

Conhece algum rei assim?

Felizmente sabemos que há um rei diferente de Assuero e de todos os outros meros reis humanos. Há um rei bom, manso e que é pelos seus. O nome dele é Jesus Cristo. E mesmo vivendo na casa da Pérsia, a gente está, na verdade, vivendo é no mundo dele. Espere para ver o que ele vai fazer.

---

32 Strain, *Ruth & Esther*, p. 95.

ESTER 2
A PRINCESA DA PÉRSIA[1]

"Quando acordei hoje de manhã, eu sabia quem eu era, mas acho que já mudei muitas vezes desde então.", *Alice no País das Maravilhas* – Lewis Carroll.

"Onde você ainda se reconhece? Na foto passada ou no espelho de agora?", *A lista* – Oswaldo Montenegro.

"Our name is our virtue.", *I'm yours* – canção de Jason Mraz.

"O mundo saberá que homens livres se levantaram contra um tirano, que poucos resistiram a muitos, e antes que esta batalha acabe, que mesmo um rei-deus pode sangrar.", Leônidas, em *300* de Zack Snyder.

---
1 A ideia deste título veio de um comentário de meu amigo Heber Negrão. Obrigado!

ESTER NA CASA DA PÉRSIA

Nós, o povo de Deus, gostamos de nos ver como heróis, não gostamos? Agrada-nos pensar que nós somos quem está de fato vencendo as trevas. Que somos a linha de frente e aqueles que não se contaminam com a forma de pensar e agir deste mundo. Que nas guerras culturais temos nos saído muito bem. Talvez tenhamos uma visão demasiadamente elevada de nós mesmos. Achamos que temos desafiado as trevas, temos sido sal, temos preservado o sabor, temos nos mantido puros de comer da mesa dos reis deste mundo. Outros podem ter se contaminado, mas nós estamos relativamente bem. Ou, ao menos, assim pensamos.

Como você vive entre dois mundos? São muitas as pessoas que vivem em uma cidade diferente da que cresceram. Vivenciam diariamente a diferença de costumes, alimentação, linguajar e muito mais. E tentam se adaptar a isso de alguma forma. Eu morei por sete anos nos Estados Unidos e me lembro bem da estranheza de viver numa terra que não é a minha.[2]

Viver numa terra que não é a sua envolve adaptações. É assim com todo mundo. Para o povo de Deus não é diferente. Vivemos na casa secular do ocidente. Sim, o Brasil tem suas peculiaridades em comparação à Europa e aos EUA, é claro. E a vida nas metrópoles brasileiras também é diferente da vida nas cidades menores. Mas em geral estamos debaixo de uma vida em que a opção da não-crença

---

2 É bem verdade que após tanto tempo, acabamos nos adaptando mais e um outro fenômeno ocorre: nos tornamos gente que não se sente verdadeiramente em casa em lugar nenhum.

se tornou plausível.[3] A descrença se tornou uma alternativa que muitos seguem e acham estranho quem não siga. E nós somos tentados por isso. Tanta gente aqui em nossa cultura parece plena, feliz, bem-sucedida, vivendo a boa vida, sem essas preocupações que a gente tem sobre o que Deus espera de nós e tudo o mais que vem junto. Este capítulo irá nos lembrar que devemos servir a Deus no contexto em que estamos, cuidando para não comprometermos nosso testemunho.

NA CASA DA PÉRSIA PASSAMOS POR TEMPOS DIFÍCEIS

O segundo capítulo de Ester começa assim:

1 Passadas estas coisas, e apaziguado já o furor do rei Assuero, lembrou-se de Vasti, e do que ela fizera, e do que se tinha decretado contra ela.

2 Então, disseram os jovens do rei, que lhe serviam: Tragam-se moças para o rei, virgens de boa aparência e formosura.

3 Ponha o rei comissários em todas as províncias do seu reino, que reúnam todas as moças virgens, de boa aparência e formosura, na cidadela de Susã, na casa das mulheres, sob as vistas de Hegai, eunuco do rei, guarda das mulheres, e deem-se-lhes os seus unguentos.

4 A moça que cair no agrado do rei, essa reine em lugar de Vasti. Com isto concordou o rei, e assim se fez.

---

3 Para mais sobre isso, ver James K.A. Smith em seu livro *How (not) to be secular: reading Charles Taylor* (Grand Rapids, MI: Eerdmans, 2015).

Esse capítulo se passa um bom tempo após o primeiro. Vimos uma crise real com Vasti, a então rainha, recusando-se a comparecer para ser exibida como um troféu na grande festa do rei Assuero e sofrendo a perda de sua posição real, como resultado de sua ousadia. E agora a história segue.

Esse episódio se dá cerca de quatro anos após a festa inicial. O verso 16 menciona ser o sétimo ano de seu reinado, enquanto o capítulo 1 se deu no terceiro. Isso se passa no ano seguinte à humilhante derrota de Assuero na Grécia, quando, seguindo os passos de seu pai Dario, ele tentou vencer os gregos e foi derrotado.[4]

E agora? Eis o poderoso rei, humilhado. O que poderia elevar o seu ânimo? Será que agora Assuero está mais calmo? Talvez um pouco mais humilde depois de derrotas militares tão vergonhosas. Talvez mais prudente. Será? O capítulo se inicia e o que ele quer? Ele quer uma substituta para Vasti. Não sabemos se ele se arrependeu da decisão, e mesmo que tivesse, não haveria solução! As leis dos medos e persas são irrevogáveis. Vasti não é mais a rainha. Ficar sem rainha não é a melhor das opções. Como é que ele vai resolver? Alguns dos seus assistentes dão uma ideia. E o rei da Pérsia faz o que o rei da Pérsia pode fazer. Ele manda que aconteça uma busca para achar uma nova rainha. Uma busca por todo o império! Comissários ficam rondando em todas as províncias de seu reino. E veja as qualificações: Tem que ser uma virgem e de boa aparência e formosura. Precisa

---

4 Para quem gosta de história militar é um prato cheio! Dá para passar muitas horas lendo sobre batalhas como a naval de Salamina.

ser muito bonita. Isso só para começar. Depois haverá um processo de embelezamento. É interessante que esse seja o critério inicial. Talvez você se lembre de que, no capítulo 1.19, os conselheiros disseram que ele encontrasse alguém que fosse melhor do que Vasti.[5] A busca inicial, contudo, parece estar focando precisamente na mais notória qualidade da antiga rainha.

E como vai ser esse processo? Assuero vai mandar emissários para tentar arrumar um casamento com a princesa de algum outro reino e unir forças diplomaticamente ou algo assim? Não. Ele é Assuero da Pérsia. Entenda o que ele vai fazer. Ele vai arrancar moças das suas famílias e levá-las para viver na cidadela, na casa das mulheres para sempre. Ele vai dormir com todas elas, queiram elas ou não. Não é um concurso de beleza em que as candidatas com alegria se arrumam, fazem um *book*, uma audição ou o que for e torcem para serem escolhidas. Não é um concurso, é um sequestro.

Um sequestro por todo o reinado, que vai de Etiópia até a Índia, em cento e vinte e sete províncias. Algumas moças serão arrancadas de casa e levadas para uma cidade estranha a centenas ou milhares de quilômetros de suas cidades. Para um local onde não falam a língua e não conhecem ninguém. E ele vai dormir com todas. Todas. E escolher uma. A que ele gostar mais, se é que uma vai se destacar mesmo, será feita rainha. E, espera-se, uma rainha mais disposta a obedecer do que a ex-rainha Vasti. As que

5 Duguid, *Esther & Ruth*, p.19.

não forem escolhidas para o cargo de rainha, não ficarão livres para voltar para suas cidades, casar e constituir família. Não. Elas serão parte do harém de Xerxes para sempre. Para ele chamá-las quando e como quiser. É o seu harém. Pouco mais do que uma escrava sexual. Ou nada mais. Estariam presas num relacionamento sem amor algum, talvez viessem a ter filhos. Vazio, tudo vazio.

Imagine a cena: oficiais do reino visitando as casas em Susã e nos arredores, abrindo portas e talvez armários e porões, procurando jovens bonitas para levar para o rei degustar. Você que é pai. Você que é mãe. Imagine sua filha, seu tesouro de quem você cuida. Você vive espantando os engraçadinhos que aparecem por perto, e, agora, se vê incapaz de fazer qualquer coisa. Sua filha vai ser levada.

E as jovens? Foram com que espírito? Será que algumas foram arrastadas depois de terem sido escondidas? Será que algumas foram com corajosa resignação? Talvez em alguns casos, até mesmo com uma certa alegria?

A situação é dúbia. Talvez muitas não gostassem muito desse rumo, talvez algumas vissem isso como um golpe de sorte. Ian Duguid diz:

> "Provavelmente poucas teriam tentado resistir a convocação real, e muitas considerariam uma maravilhosa oportunidade de ter uma existência confortável, ainda que sem sentido. Para muitas talvez parecesse quase com ganhar a loteria".[6]

---

6 Duguid, *Esther & Ruth*, p.20.

Chocante? Duguid nos lembra que muitas vezes vemos pessoas vivendo com trabalhos que detestam, mas que trazem um baita salário e segurança. Nós facilmente sacrificamos nossa liberdade e alegria em troca daquilo que parece meramente seguro. E nem precisa ter soldado persa com lança e espada nos obrigando. Vamos voluntariamente.

Não são poucas as formas que este mundo nos desumaniza, que somos tratados como gado, como um número, como massa de manobra, como alguém a ser explorado, como um voto, como um corpo, como um rostinho bonito, ou seja o que for que nos faz menos do que humanos, menos do que a própria imagem de Deus. O que nós, povo de Deus, fazemos contra os abusos deste mundo vil? Resistimos, certo? Até o ponto de morte, certo?

NA CASA DA PÉRSIA O POVO DE DEUS SEMPRE VIVE ENTRE DOIS MUNDOS

A história nos apresenta então dois personagens muito interessantes e centrais na trama.

> 5 Ora, na cidadela de Susã havia certo homem judeu, benjamita, chamado Mordecai, filho de Jair, filho de Simei, filho de Quis,
>
> 6 que fora transportado de Jerusalém com os exilados que foram deportados com Jeconias, rei de Judá, a quem Nabucodonosor, rei da Babilônia, havia transportado.
>
> 7 Ele criara a Hadassa, que é Ester, filha de seu tio, a qual não tinha pai nem mãe; e era jovem bela, de boa aparência

e formosura. Tendo-lhe morrido o pai e a mãe, Mordecai a tomara por filha.

8 Em se divulgando, pois, o mandado do rei e a sua lei, ao serem ajuntadas muitas moças na cidadela de Susã, sob as vistas de Hegai, levaram também Ester à casa do rei, sob os cuidados de Hegai, guarda das mulheres.

9 A moça lhe pareceu formosa e alcançou favor perante ele; pelo que se apressou em dar-lhe os unguentos e os devidos alimentos, como também sete jovens escolhidas da casa do rei; e a fez passar com as suas jovens para os melhores aposentos da casa das mulheres.

10 Ester não havia declarado o seu povo nem a sua linhagem, pois Mordecai lhe ordenara que o não declarasse.

11 Passeava Mordecai todos os dias diante do átrio da casa das mulheres, para se informar de como passava Ester e do que lhe sucederia.

12 Em chegando o prazo de cada moça vir ao rei Assuero, depois de tratada segundo as prescrições para as mulheres, por doze meses (porque assim se cumpriam os dias de seu embelezamento, seis meses com óleo de mirra e seis meses com especiarias e com os perfumes e unguentos em uso entre as mulheres),

13 então, é que vinha a jovem ao rei; a ela se dava o que desejasse para levar consigo da casa das mulheres para a casa do rei.

14 À tarde, entrava e, pela manhã, tornava à segunda casa das mulheres, sob as vistas de Saasgaz, eunuco do rei,

guarda das concubinas; não tornava mais ao rei, salvo se o rei a desejasse, e ela fosse chamada pelo nome.

15 Ester, filha de Abiail, tio de Mordecai, que a tomara por filha, quando lhe chegou a vez de ir ao rei, nada pediu além do que disse Hegai, eunuco do rei, guarda das mulheres. E Ester alcançou favor de todos quantos a viam.

16 Assim, foi levada Ester ao rei Assuero, à casa real, no décimo mês, que é o mês de tebete, no sétimo ano do seu reinado.

17 O rei amou a Ester mais do que a todas as mulheres, e ela alcançou perante ele favor e benevolência mais do que todas as virgens; o rei pôs-lhe na cabeça a coroa real e a fez rainha em lugar de Vasti.

18 Então, o rei deu um grande banquete a todos os seus príncipes e aos seus servos; era o banquete de Ester; concedeu alívio às províncias e fez presentes segundo a generosidade real.

19 Quando, pela segunda vez, se reuniram as virgens, Mordecai estava assentado à porta do rei.

20 Ester não havia declarado ainda a sua linhagem e o seu povo, como Mordecai lhe ordenara; porque Ester cumpria o mandado de Mordecai como quando a criava.

Somos introduzidos a dois personagens que viviam na cidadela de Susã. O primeiro é um homem chamado Mordecai. Um judeu. Mais especificamente, da tribo de Benjamin, filho de Jair.[7] Lembre-se de que boa parte dos

---

7 Essa mesma tribo nos deu Saul, e o apóstolo Paulo, o qual, como sabemos, por um

judeus exilados já havia retornado para a região de Israel nessa época. O decreto de Ciro ocorrera décadas antes. Os judeus restantes já estavam no exílio há gerações. Como o próprio texto indica (v.5 e 6) ele era filho de Jair, filho de Simei, filho de Quis, que fora deportado no exílio babilônico. Muitos voltaram, Mordecai ainda está lá.

Mordecai está na Pérsia. Talvez os seus parentes tenham tido a oportunidade de voltar a Canaã, mas tenham preferido ficar. Não sabemos. Mas veja seu nome. Veja onde ele transita. Lembra da história do livro de Daniel, como os babilônios mudaram seus nomes a fim de colocar sobre eles uma espécie de nova identidade?[8] Mordecai não era um nome hebreu. Ele nem tinha um nome hebreu, até onde sabemos. Era um nome conectado ao da divindade babilônica Marduque.[9] Esse começo é mesmo projetado para nos causar estranheza. Havia um judeu chamado Mordecai. Mordecai? E isso é nome que se dê para judeu?

Sua moradia não é meramente em Susã, mas na cidadela. Isso nos indica algo. Ele tem acesso e liberdade de movimento. A história vai avançando e se vê que ele tem recursos políticos e conhece pessoas. É alguém que, pelo visto, está muito bem assimilado na casa da Pérsia. Não é difícil ver que esse nível de desenvoltura e liberdade no centro do

---

tempo se chamava Saulo.

8 Ver Daniel 1.7. O nome é parte de nossa identidade. Ele marca algo querido e íntimo acerca de quem somos. No contexto hebraico isso era ainda mais forte do que em nossa cultura. Veja excelente discussão sobre esse e muitos outros aspectos no livro do Heber Campos Jr, *Amando a Deus no mundo*, p.106 em diante.

9 Em outras traduções se usa Mardoqueu ao invés de Mordecai.

império pode mostrar alguém que se sente em casa, não alguém que está resistindo a assimilação. É claro, Daniel, José e muitos outros também transitavam com grande acesso nas estruturas de poder. Acerca deles, entretanto, temos fortes relatos de santidade. Quem é você, Mordecai? Que nome é esse? A quem você pertence?

Além dele, somos apresentados a Ester. Ela também é chamada de Hadassa, que é seu nome hebraico. Hadassa significa murta, uma plantinha. O nome Ester está ligado ao persa para estrela e provavelmente à divindade Ishtar, deusa pagã do amor e guerra. Ela era órfã, seu pai se chamara Abiail, tio de Mordecai e foi adotada por Mordecai, sendo sua parente. Talvez Hadassa seja o nome que seus pais lhe deram e Mordecai tenha lhe dado esse nome mais persa, Ester. Mais adequado para quem deseja viver na casa da Pérsia em tranquilidade. E ela é uma das sequestradas.

E o que acontece com Ester e às outras sequestradas? As jovens são colocadas num épico tratamento de beleza, algo de fazer inveja aos *spas* e clínicas de estética modernas. Alimentadas e cuidadas por doze meses. Seis meses com óleo de mirra e seis meses com especiarias e com os perfumes e unguentos. Isso envolvia por certo uma dieta cuidadosa.[10]

E Ester-Hadassa nisso tudo? Muitas vezes as histórias infantis, ou mesmo de adultos, trazem aqui uma visão meio

---

10 Como Ian Duguid lembra bem (*Esther & Ruth*, p.23), o ideal de beleza feminina varia culturalmente e na antiguidade era bem diferente do que é hoje. Talvez fosse um regime para botar carne nos ossos das meninas magrinhas dos subúrbios de Susã.

56 | ESTER NA CASA DA PÉRSIA

romântica de uma princesa indo ao baile e esquecendo o sapatinho de cristal. Mas a realidade é mais sombria. Não é um concurso, onde voluntárias lutam pela vaga de rainha. Não é como um *reality show* moderno. Além disso, Ester age de um jeito que é um pouco estranho para o que a gente esperaria do povo de Deus, ainda que vivendo na casa da Pérsia. Como assim?

Começa, na verdade, com Mordecai. É claro que o texto pode não ter contado tudo, mas não pareceu haver da parte dele qualquer tentativa de impedir que Ester-Hadassa fosse tomada. Tudo o que ele fez foi insistir com ela que não revelasse sua identidade judaica. Talvez tivesse sido impossível esconder a jovem. Talvez não. Na posição de pai, eu com certeza tentaria de alguma forma impedir que minha filha fosse tomada.[11]

Veja como Ester é hábil na situação e alcança o favor de todos, inclusive de Hegai que era o eunuco responsável por cuidar daquilo tudo.[12] Ester sabe que é importante ter qualquer vantagem possível nesse jogo. Ela ganha o favor dele. Não é algo passivo,[13] mas algo de fato projetado por ela. Hegai é o responsável pelo bem-estar sexual do rei Assuero. Pelo seu harém. E Ester sabe disso. Ela se esforça em se fazer a queridinha dele, e consegue! Ela recebe dele suprimentos especiais para o embelezamento, junto com outras sete moças (v.9). Ela vai ganhando o coração de todos

---

11 Ou ao menos eu gosto de pensar que teria a coragem necessária para isso.
12 Ver discussão em Gregory, *Inconspicuous providence*, loc 745 em diante. Ele diz: "Ester não é apenas bela, mas socialmente sagaz e charmosa também".
13 Duguid, *Esther & Ruth*, p. 22.

quantos a viam (v.15). A moça é boa no jogo do poder, da sedução, da beleza.

Chega o dia de ir estar com Xerxes e, diz o texto, elas podiam levar o que desejassem da casa das mulheres para sua noite com o rei, presume-se que roupas, perfumes ou o que fosse. A cada noite uma moça diferente ia para a cama de Assuero. No dia seguinte, caso rejeitadas, de lá seguiam para uma outra casa das mulheres, vigiada por Saasgaz, eunuco do rei e guarda das concubinas e ficaria lá quieta para sempre a não ser que o rei a desejasse e mandasse chamá-la pelo nome.

E lá vai Ester. E ela nada pediu para levar além do que sugeriu Hegai. Será que ele lhe deu alguma dica especial sobre como agradar o rei? Ester vai, passa a noite com Assuero e pronto. Ganhou o coração do rei. Vai ser a nova rainha. Resolvido. Hadassa se sai muito bem como Ester.

Qual o problema? Não seria o caso de uma mulher fazer o que ela tem de fazer, tentando extrair o melhor da situação em que está? Lembre-se do livro de Daniel. Há um ponto chave na história em que os personagens se recusam a fazer o que o rei manda. Não querem se contaminar, não querem perder a identidade, não querem se dobrar perante o rei pagão e, se for o caso, vão para a cova de leões, vão para a fornalha ardente. Você está vendo Ester resistir em algum momento? Você vê Mordecai tentar escondê-la? Ela se recusa a tomar os banhos de sais e aplicar os unguentos e os esfoliantes? Você está vendo Ester de alguma forma tentar dar algum jeito de escapar disso e não ir contra a lei do Senhor, casando-se com um pagão? Ela está é bem obediente, a anti-Vasti[14] (Duguid). A assimilada. A princesa da pérsia. Ester é a rainha do mundo pagão. Como diz Barry Webb:

> "Será que se pode dizer que ela ainda é uma verdadeira judia, enquanto ela faz sexo com um incircunciso pagão e tem banquetes com ele e Hamã, em aparente descaso com as leis dietéticas judias? O contraste com Daniel é no mínimo impressionante (Dn 1.8)".[15]

Como todos os comentaristas nos lembram muito bem, os distintivos da vida judaica eram importantes sinais dados por Deus. As leis alimentares, por exemplo, tinham como uma de suas funções separar o povo de Deus dos outros povos por meio de limitar o quanto se podia partilhar da mesa. Outras regras serviam para que ficasse muito claro quem era judeu e quem não era. Esconder isso é sério! É uma afronta a tudo o que Deus fez para aquele povo ser como que ele planejou. Mordecai mandou e ela obedeceu. Esconda quem você é. Assim é que se sobrevive na casa da Pérsia. Assim é que se avança na casa da Pérsia. Essa é nossa tentação também, tantas e tantas vezes: viver como persa. Deixar Hadassa na igreja, ser Ester todos os outros dias. "Diferente da rainha anterior, que não estava disposta a ser o objeto sexual do rei, Ester parece bem disposta."[16] E o que acontece quando a gente vive assim? Como tudo anda?

---

14 Duguid, *Esther & Ruth*, p. 24.
15 Webb. *Five festal garments*, p.120.
16 Gregory, *Inconspicuous Providence*, LOC 770.

MESMO NA CASA DA PÉRSIA PODEMOS TER OPORTUNIDADES DE FAZER O BEM

Agora Ester é a rainha. Sim, uma posição de destaque. Mas isso não parece ser nada bom para alguém que deveria ser parte de um povo santo. E o que ocorre na história? Sigamos nos versos 2.21-23:

> 21 Naqueles dias, estando Mordecai sentado à porta do rei, dois eunucos do rei, dos guardas da porta, Bigtã e Teres, sobremodo se indignaram e tramaram atentar contra o rei Assuero.
>
> 22 Veio isso ao conhecimento de Mordecai, que o revelou à rainha Ester, e Ester o disse ao rei, em nome de Mordecai.
>
> 23 Investigou-se o caso, e era fato; e ambos foram pendurados numa forca. Isso foi escrito no Livro das Crônicas, perante o rei.

Veja que nesse "rolo" todo, de alguma forma coisas boas estão resultando para quem está ao redor do povo de Deus. Mesmo comprometidos com valores mundanos, ainda assim o povo de Deus por vezes age bem e abençoa os que estão ao seu redor.

A situação real se acalmou, Ester está nesse "rolo", sim, mas a tempestade se acalmou. A ocasião é marcada por um banquete. E mais, o rei concede alívio às províncias e fez presentes segundo a generosidade real. Quando Xerxes está feliz, todo mundo está feliz. Isso justifica a ação de Ester e Mordecai? Não. Essa é a estranheza do mundo em que vivemos. Pois parece que mesmo quando a gente escorrega, ainda assim Deus traz coisas boas aos outros através da nossa vida e isso pode ser bem confuso mesmo.

O capítulo vai avançando e sai de cena a situação de Ester. Voltemos a Mordecai. Mordecai está de olho em tudo. Notou? O verso 11 mostra que ele está atento, querendo saber o que se passa com Ester na casa das mulheres. Nessa situação tão ambígua, no mínimo ele segue de olho em Ester. Algo bom pode acabar vindo disso.

No verso 19, há referência a uma segunda reunião de virgens. Pelo jeito há um espaço temporal entre os versos 18 e 19, embora seja apenas especulação tentar saber quanto. Não se sabe exatamente porque houve esse segundo ajuntamento, uma vez que Ester já havia sido escolhida.[17] A mais provável explicação é que mesmo já havendo achado uma rainha, ele era o rei e queria abastecer o seu harém.

A história segue, e, um dia ao portão, Mordecai encontra uma informação importante. Dois eunucos, Bigtã e Teres estão bem bravos com o rei. E eles planejaram um atentado contra o governante. De alguma forma, na providência do Senhor, Mordecai se deparou com aquela informação e agiu. Ele fez chegar a Ester essa notícia do atentado. E claro, ela contou para o rei.

Há uma investigação, e acaba em forca para os pretensos assassinos. O termo original aponta para uma construção elevada onde o condenado era colocado, não

---

17 Ver Gregory, *Inconspicuous Providence*, LOC 935 em diante, para uma breve discussão sobre as possibilidades.

necessariamente para ser enforcado, mas mais certamente empalado.[18] Ou seja, nisso tudo Mordecai serviu ao rei e ao reino. Ele agiu como um bom cidadão e buscou a paz da cidade onde estava habitando (Jr 29.7). O texto diz que isso foi registrado no livro das crônicas perante o rei. A gratidão era algo muito importante no contexto persa, assim como honrar e agradecer a quem fez algo bom.[19] Estranhamente não houve nenhuma recompensa pra Mordecai. Ele potencialmente impediu um atentado contra Xerxes. Podia ter sido a morte do rei. Será que ao menos Ester ganhou alguns pontinhos com o rei? E é assim mesmo, não é? Neste mundo a tensão de sermos assimilados e deixarmos nossa identidade bíblica se mistura ao fato de que temos oportunidade de fazer o bem no contexto em que Deus nos fez morar. E sim, fazemos o bem. Ainda que não muito, o mundo é um pouquinho melhor com nossa ação. Apesar de tudo. Que "rolo". Pois uma tentação oposta à da assimilação e perda da identidade é a de deixar que tudo se acabe, deixar que os reis sejam assassinados e o circo pegue fogo. Eles agem bem, apesar de tudo. Estão desculpados e isentos então? Não. Confuso, não é?

Mike Cosper desenvolve a ideia:

18 Ver Gregory, *Inconspicuous Providence*, LOC 1702. Há certa desavença entre os estudiosos acerca de se essa forma de execução seria por enforcamento ou empalamento. Não vou descrever com se daria o tal empalamento. Procure por aí, se desejar. Adianto o seguinte: eu preferia ser enforcado. Ian Duguid sugere que o empalamento por vezes não era o método de execução, mas uma forma de humilhação posterior à execução. Ver Duguid, *Esther & Ruth*, p. 26.

19 Duguid, *Esther & Ruth*, p. 26.

ESTER NA CASA DA PÉRSIA

"Quando você se encontra vivendo em exílio, você é tentado em duas direções: conformidade e isolamento. Na conformidade, a assimilação ocorre. Você adota a cosmovisão, a ética, e forma de vida da cultura ao redor, e você experimenta grandes mudanças interna e externamente. Em isolamento, você se fecha em enclaves isolados onde a cultura não entra e de onde sua cultura não consegue escapar. São dois caminhos igualmente fáceis. É fácil se conformar, e você é ricamente recompensado por isso. Assim como é fácil se cercar e se proteger. Mas os dois levam ao fracasso. Assimilação é uma falha de nossa ousadia, isolamento uma falha de nossa coragem. Assimilação falha em resistir; isolamento falha em amar".[20]

O que a gente faz com Ester? Com Mordecai? Talvez esperemos demais desses heróis, ou supostos heróis do Antigo Testamento. Ao menos era assim que as histórias davam a entender quando a gente as aprendia ainda criança na Escola Bíblica de Férias ou assistia a versão dos Vegetais.[21]

---

20 Cosper, *Faith among the faithless*, p. 43.

21 Na versão dos Vegetais de Ester algumas coisas interessantes acontecem. Sim, eu assisti o episódio. Algumas questões de destaque: 1)A crise com a rainha Vasti se dá, pois o rei queria um sanduíche às 3 da manhã e ela se recusou a fazer; 2) Mordecai é hilário; 3)Deus é mencionado aberta e explicitamente; 4) Ester é mostrada como uma heroína, sem sombras; 5)Hamã é quem lidera a busca por uma nova rainha e ele é uma espécie de gângster; 6) O concurso para escolher a rainha é uma espécie de show de talento musical e Ester canta realmente bem; 7) Há uma situação envolvendo a pronúncia correta do termo inglês *gnat*; 8) A punição para os que tentam matar o rei é serem torturados com cosquinha, assim como a punição de Hamã. Enfim, são muitas pequenas mudanças nos fatos e na cronologia. O desenho é bem divertido. Não estou aqui querendo destruir a animação infantil, apenas lembrar que elas podem perpetuar

O que fazer com Ester? Sente pena, raiva, nojo ou admiração? Há um livro muito útil na área de aconselhamento do autor Michael Emlet, "Conversa Cruzada"[22] e ele ensina que devemos lembrar que todos do povo de Deus são, ao mesmo tempo, santos, pecadores e sofredores. É difícil tratar as pessoas com toda diferenciação. Pois a vida é cinzenta, ela é cheia de nuances e nossas tendências são simplistas. A gente tende a querer classificar as pessoas como heróis e vilões. E Ester, assim como tantos outros, resiste a essa classificação simplista.

Ester é santa. Ela é parte do povo de Deus. Ela tem algo da identidade pactual do povo de Yahweh. Ela sabe muito sobre como é a vida do povo de Deus. Ela tem a fidelidade pactual, a benevolência amorosa de Deus a seu favor, ainda que ela esteja andando mal.

Ester é sofredora. Ela está numa posição frágil e perigosa. Já vimos muito bem como é Xerxes no capítulo 1. Ela está forçada a morar no harém real e ela não tem opção, ela vai dormir com Xerxes, quer ela goste ou não. Ela não estaria nessa situação, se a desobediência de seus antepassados não a tivesse feito nascer em exílio na casa da Pérsia. Ela sofre, sim, por escolhas de outros. Não somente as que levaram ao exílio, mas a desobediência de não voltar a Israel na época do decreto de Ciro, décadas antes. Se você escolhe viver como persa, uma hora a Pérsia te pega. Ou, ainda

---

visões deturpadas do que se passou e não faltam adultos que acham que a história real foi mais ou menos daquele jeito, tirando os vegetais em si.

22   Ed. Cultura Cristã, 2015.

pior, pega os que vieram depois de você. Se ela não fosse lindíssima nada disso aconteceria. Oh! Que chato ser linda! Não é isso. Sabemos muito bem que em nossa futilidade social a beleza física abre portas. Porém, isso traz dificuldades também. São muitos os que são incapazes de olhar além da beleza. Há dificuldades que advém de ter em abundância os elementos que o mundo percebe como sendo vantagens. De certa forma, o caminho para a assimilação é mais fácil quando você tem as características que este mundo gosta.

Ester é pecadora. Ela tem motivos mistos. Ela já entendeu o jogo e vai fazer o que for preciso para ganhar o favor do eunuco e do rei. E ela vai conquistar esse título de rainha, ah! se vai. Ian Duguid:

> "Mordecai e especialmente Ester se veem numa posição que, por todas as suas vantagens terrenas, era espiritualmente um potencial desastre. Ester acaba casada com um pagão incircunciso e virtualmente cortada da comunidade da fé, com sucesso fingindo não ser uma filha do único Deus vivo".[23]

Então? Como ver Ester? Santa, sofredora ou pecadora? Não precisamos escolher entre essas opções. Não somente com respeito a Ester, mas com todos os nossos irmãos e irmãs que vivem aqui na Casa Secular. Todos somos santos, sofredores e pecadores. Podemos, ao mesmo tempo: 1) ter empatia e nos compadecermos com a moça judia que se vê

---

23 Duguid, *Esther & Ruth*, p. 27.

na situação difícil de ser um objeto sexual num casamento com um pagão; 2) ficar meio desconfiados da presteza com que ela se dedica à tarefa de se tornar rainha e mesmo um tanto enraivecidos com algumas de suas ações. Não é assim que a gente se sente com as pessoas? Às vezes ficamos frustrados com quem a gente mais admira! Às vezes ficamos admirados com pessoas por quem não dávamos muito. Às vezes a gente fica bravo e feliz com alguém ao mesmo tempo.

Lá vai Ester; escondendo sua identidade judia. Que aspecto de nossa identidade cristã estamos dispostos a camuflar a fim de avançarmos no mundo? Talvez em sua carreira só haja real avanço assim. Talvez em seu círculo de amizades você mantenha bem baixinho o volume de sua fé. Talvez para avançar aqui na Pérsia Secular, você tenha afogado Hadassa e alimentado e embelezado tremendamente Ester.

Talvez você esteja num ponto crucial hoje mesmo. Ainda há tempo de evitar entrar por caminhos ruins. Esperar com serenidade no Senhor, seguir a palavra dele, acalmar o coração, sabendo que ele é seu Senhor e mesmo as escolhas custosas que você terá de fazer em nome de sua fé serão cuidadas e honradas por Jesus Cristo. Coragem. Resista. Vale a pena. Mesmo que resulte em cova dos leões ou coisa que o valha.

Mas, e se for tarde demais? Haverá esperança? Ora, garanto que, em alguma medida, já é tarde demais. Todos nós aqui na casa da Pérsia secular já fizemos coisas, já demos passos, já fomos em alguma medida moldados pela vida aqui. Pode ser que hoje você se veja numa situação como a de Ester. Preso por suas escolhas e ações passadas, algumas não lá muito piedosas de sua parte, outras que lhe foram impostas pela sua cultura, pela sua família, ou pelos conselhos tolos de amigos. Parecia o melhor caminho disponível na época e você não quis esperar. E agora, Ester? Como vai ser a vida? Nessas trevas e situações encurraladas em que você se vê, será que Deus pode agir? Ou será que ele ficou para trás no dia em que você andou por certa estrada? A situação está feia. Não é a cinderela achando o seu príncipe. É uma moça do povo de Deus que, tentando se virar, chegou onde chegou e sabe lá Deus o estado de seu coração. Eis Ester. Até outro dia ela era a judia Hadassa. Agora ela é a rainha do mundo pagão, da Etiópia até a Índia, cento e vinte e sete províncias.

QUEM SOMOS NÓS?

Talvez você seja alguém espetacular que desafia as trevas e as devora no café da manhã. Talvez você seja de fato um crente magnânimo e o mundo é exponencialmente melhor por sua existência aqui. Talvez.

Talvez, entretanto, você seja como eu sou. Como seus irmãos são. Gente que vive na casa da Pérsia com grande dificuldade. Gente cujo coração às vezes é estranhamente confuso, gente que acerta numa e erra na outra. Gente que, em certos momentos, se reconhece melhor no seu nome persa do que no seu nome cristão. Gente que olha para a cultura em que vive e sente sua atração e o desejo de se conformar.

Às vezes, até se desespera um pouco pois está cedendo, está sendo assimilado. E não está achando ruim mais não.

Em nossa história havia um judeu, mas o nome dele é um tanto estranho. Ele é chamado Mordecai e está vivendo na cidadela de Susã. Isso é nome de judeu que se preze? Havia uma moça chamada Hadassa mas ela preferia ser conhecida como Ester. Ela era bonita, sagaz e se viu na cama real, onde com seus encantos conquistou o coração do perverso rei pagão. Havia um povo que não deveria ser deste mundo, apenas estar no mundo. Mas a vida na casa de Pérsia é complicada e às vezes enrosca a gente. Tem dias em que é tão mais simples não resistir, simplesmente viver como um persa e guardar privativamente nossas crenças. Afinal, elas são meio estranhas e tendem a nos colocar em encrenca.

Nisso tudo é tão bom ver que na Bíblia temos histórias brutalmente reais. De pessoas que estão em apuros reais e a coisa não está dourada, não. É cinzenta mesmo. É um mundo onde mulheres são com frequência alvo de objetificação. E sim, um mundo em que mulheres usam dessa objetificação para conseguir chegar a certos lugares. E sim, a gente se porta como quem é daqui e não como quem é de outro mundo. Também somos pessoas que escondem aquilo que lhes é importante a fim de avançar na vida.

Você percebe que há grande esperança no simples fato de uma história como essa estar na Bíblia? David Strain nos explica: "O SENHOR não é confundido quando o impensável acontece".[24]

---

24 Strain, *Ruth & Esther*, p.98.

Há alegria, mesmo aqui. Há a certeza de que em Cristo, podemos encontrar esperança até nos lugares e caminhos mais escuros que o pecado nos levar. Há a certeza de que embora pecadores e sofredores, nele somos santos. Nele temos, no final das contas, a nossa identidade. E é libertador nos reconhecermos neste mundo como gente pequena que erra e "apronta". Que somos mais Ester e Mordecai do que somos Daniel.

Talvez você se julgue um grande Daniel que se manteve puro aqui no mundo em que vive. Examine seu coração. Você não é Daniel coisa nenhuma. Você é do povo de Deus, sim, mas seu nome é Mordecai. Seu nome é Ester. Você é de Deus, mas você em alguma medida teve sua mente e coração moldados pelo mundo em que vivemos. Não devemos nos conformar com este século, mas isso acontece com facilidade assustadora.

Que tal abandonar a pretensão de ser incontaminado, e reconhecer sua pequenez pedindo graça? Pois como dizia a velha sabedoria do apóstolo Paulo: quando sou fraco, aí é que sou forte. Quando percebo que não sou herói coisa nenhuma, então estou em um ponto mais interessante para procurar com os olhos da fé alguém que seja um herói de verdade. Felizmente há alguém assim.

E nosso Senhor Jesus nisso tudo? Ele também passou por um período de preparação antes de assumir o seu posto.[25] Não um período de alimentação e tratamentos de beleza. Mas um período de pobreza, obediência, sofrimento,

---

25 Duguid, *Esther & Ruth*, p.30.

humilhação. E foi difícil precisamente porque ele não podia deixar de lado sua identidade.[26] Pois ele viera para fazer a vontade do Pai; para enfrentar Assueros e o que fosse. "Sua dor foi o pré-requisito para nossa beleza".[27]

Aliás, nós todos estamos passando por um período de embelezamento. Paulo o descreve em Efésios 5. O noivo, Jesus Cristo, está nos limpando do pecado em preparação para as bodas. Tristemente, por vezes, resistimos a esse embelezamento, pois amamos ainda a feiura do pecado. Mas Jesus vai triunfar. Ele vai retirar as máscaras e os nomes falsos. A pele de dragão vai sair todinha.[28] Estamos sendo lavados e purificados e embelezados. E não é para Assuero, o rei perverso e caprichoso. É para Cristo, o rei bom. O rei que nos ama e nos chama e que se entregou por nós. O rei que fez o contrário de um sequestro, ele fez um resgate. Para ter a sua amada, deu sua própria vida em resgate.

---

26 Na encarnação, Deus o Filho não abandona a sua divindade, ele assume a forma de servo por meio de se tornar completamente humano, assim como completamente divino.

27 Duguid, *Esther & Ruth*, p.31.

28 Ver em *A Viagem do peregrino da alvorada*, de C.S. Lewis. Não conhece a ideia, não? Essa é uma belíssima e marcante imagem que Lewis utiliza para falar sobre o que Deus faz conosco. Douglas Wilson tem uma ótima reflexão sobre o assunto em seu capítulo no livro "O racionalista romântico. Deus, vida e imaginação na obra de C.S. Lewis" (Brasília, Ed. Monergismo, 2018). Ed. David Mathis e John Piper.

ESTER 3
NÃO MAIS

"Eu sou a tirania dos homens maus.", Jules, em *Pulp Fiction* – Quentin Tarantino.

"They tell me you are a man with true grit.", *True grit* – Charles Portis.

"I used to say, I and me, now it's us, now it's we.", *Ben* – canção de Michael Jackson.

"Sometimes a shadow wins.", *Brave* – canção de Sarah Bareilles.

"When your day is long
And the night

The night is yours alone

When you're sure you've had enough of this life

Well hang on

Don't let yourself go

Cause everybody cries

And everybody hurts",

Everybody Hurts – canção de REM

Quando o motorista do ônibus mandou que Rosa se levantasse de seu assento para dar lugar a um homem branco, ela se recusou. Não por estar particularmente cansada fisicamente. Mas por ter chegado no ponto em que ela corajosamente disse: "não mais".

Rosa Parks é uma figura importante na luta por direitos civis nos Estados Unidos. Essa história se deu no estado do Alabama, sul do país. Os ônibus eram segregados nessa época naquele estado. O que significa isso? Que havia uma separação entre assentos para negros e assentos para brancos. Rosa cresceu nessa realidade. Até bebedouros eram segregados em certas cidades do sul.

Os assentos para os negros ficavam na parte de trás. E a lei dizia que o passageiro negro tinha de entrar pela frente, pagar a tarifa, descer, dar a volta, entrar novamente por trás para seu assento. Alguns anos antes, em certa ocasião, Rosa entrou e pagou, estava chovendo, ela resolveu ir para sua seção por dentro do ônibus mesmo. O motorista mandou-a descer e entrar pela porta de trás. Ela desceu. Ele acelerou e a deixou na chuva.

Um dia, voltando do trabalho, ela pegou o ônibus e se assentou na área demarcada. Era o ano de 1955. Rosa tinha 42 anos. Era o mesmo motorista que a deixara na chuva anos antes. Havia, como já mencionei, bancos para negros e bancos para brancos. Entretanto, era comum que o motorista mudasse essa demarcação de acordo com a lotação. Chegou um momento que entrou um homem branco e o motorista ordenou que ela se levantasse e desse seu lugar para ele. Veja, ela estava na seção de negros. Mas o motorista mandou que mesmo assim ela cedesse o lugar para um homem branco. Outras passageiras negras aceitaram e saíram. Rosa não.

Não mais. Há momentos em que você reconhece que está num ponto chave de sua vida, e que isso diz respeito a mais do que apenas a você. Diz respeito a quem está ao seu redor. A quem veio antes. A quem virá depois.

Ela foi presa por sua recusa e multada. Rosa disse:

"Quando aquele motorista branco veio em nossa direção, quando ele balançou suas mãos e nos mandou deixar nossos lugares, eu senti uma determinação cobrir meu corpo, como uma colcha numa noite de inverno".[1]

Isso contribuiu para um boicote contra as empresas de ônibus. Os negros da cidade simplesmente pararam de pegar transporte público. Começaram a andar para todo lado,

---

1 Os detalhes da história de Rosa Parks estão amplamente disponíveis na internet. É claro, esses eventos não são sem controvérsia e viés histórico. Se lhe interessou, recomendo pesquisar e ir mais a fundo nessa parte da história.

pegar caronas e outras alternativas, mesmo que seus percursos fossem de dezenas de quilômetros. Tudo para não furar o boicote, o qual durou mais de um ano e foi peça importante nas mudanças ocorridas naquele país.

No capítulo 3 de Ester veremos um homem dizendo "não mais". E entenderemos por que ele chega nesse ponto. E, ao tratarmos disso, pensaremos no que está envolvido em viver neste mundo hostil, e quais são as consequências de nossos atos de desafio ao sistema deste mundo caído. Afinal de contas, o povo de Deus deve estar pronto a morrer pela luta eterna, sabendo que triunfaremos no final.

VIVENDO COMO PARTE DO POVO DE DEUS

Temos acompanhado a saga de Xerxes e sua rainha. Vimos que, diferente da história de Daniel e de outros judeus na Babilônia, os nossos dois personagens judeus na história não são gente que se manteve de fato incontaminada das iguarias do rei. Mordecai, um judeu, que leva um nome de divindade pagã e que agia de algumas formas um tanto estranhas, vivendo na cidadela e tendo alguma influência e acesso e se mostrando alguém que, pelo jeito, estava um tanto comprometido com a forma de viver na casa da Pérsia. E vimos sua filha adotiva, uma jovem chamada Hadassa, que tinha o nome persa de Ester. Ela se torna assim a rainha do mundo pagão. Nisso vimos que nossos heróis são falhos. Não são gente perfeita. São gente que vivendo neste mundo caído muitas e muitas vezes se comporta como gente deste mundo e não de outro.

Mesmo assim Deus usa seu povo. Lembre-se de que no final do capítulo 2 vimos Mordecai impedir um plano de assassinato real. Ele descobriu uma conspiração, deu um jeito de fazer a notícia chegar em Ester e de lá chegou no rei. Estranhamente, entretanto, ele não foi recompensado como seria de se esperar. No contexto persa, essa ideia da demonstração de gratidão era muito importante. E como a história segue?

> 1 Depois destas coisas, o rei Assuero engrandeceu a Hamã, filho de Hamedata, agagita, e o exaltou, e lhe pôs o trono acima de todos os príncipes que estavam com ele.
>
> 2 Todos os servos do rei, que estavam à porta do rei, se inclinavam e se prostravam perante Hamã; porque assim tinha ordenado o rei a respeito dele. Mordecai, porém, não se inclinava, nem se prostrava.

A injustiça de Mordecai não ser recompensado é complicada pelo fato de que um tal Hamã, o agagita, está crescendo em eminência na Pérsia. Não é ruim, quando não somente você não consegue algo que merecia, mas, ainda por cima, vê alguém perverso conseguir? No início do livro vimos que havia um grupo de homens que aconselhava o rei, e havia uma pulverização maior do conselho e do poder, mas aqui há uma crescente concentração de poder na mão de um homem. Ele é elevado acima dos outros. Em alguma medida, o atentado planejado contra Xerxes pode ter sido importante na decisão de concentrar tanto poder nas mãos de alguém que ele julgava ser um homem de confiança.

E Hamã agora é honrado por Xerxes. Como essa honra e poder irão se mostrar? Há uma ordem real. Que todos os servos do rei, que estão à porta do rei, se inclinem e se prostrem perante Hamã. A ordem do rei é para ser cumprida. É assim na casa da Pérsia. O rei mandou a gente se dobrar, a gente se dobra. Quem vai querer ser empalado ou enforcado? Quem não vai se dobrar perante um homem tão importante sob as ordens do homem mais importante?

Aquela cena deve ter sido tristemente espetacular. Pessoas e mais pessoas dobrando-se perante Hamã. Nem todos. Tem um homem ali que não está se dobrando. Quem? O nome dele é Mordecai e ele estranhamente não está se dobrando! Como diz Mike Cosper: "Coisas estranhas estão ocorrendo aqui. Em um momento, Mordecai está sendo um bom persa e protegendo a vida do rei. No seguinte, ele se recusa a obedecer a ordem do rei. Ele deveria ou ter apoiado o golpe ou se dobrado, mas não os dois. Ao menos ele deveria ser consistente".[2] A vida do povo de Deus na casa da Pérsia é assim mesmo. Há horas em que devemos agir em lealdade para com nossos governantes como

---

2 Cosper, *Faith among the faithless*, p.76. Em Jeremias 29, Deus ensina os exilados acerca de como viver no exílio. Procurar o bem-estar da cidade onde estavam seria parte disso. Mordecai agiu bem em prevenir o assassinato de Xerxes. Creio que a frase de Cosper é no sentido de que, uma vez que a lealdade do crente está acima de tudo com o Senhor Deus, em certos momentos ele irá apoiar e proteger as autoridades, enquanto em outros irá se opor a elas. É a Palavra de Deus que rege seu comportamento.

cidadãos exemplares, mas há espaço para desobediência civil, se as ordens envolverem trair a lei de Deus.

Será que alguém tentou puxá-lo? Um amigo talvez tenha dito algo assim: "Ele é o novo Vizir. Mordecai, você enlouqueceu? Você precisa se dobrar perante o Vizir do rei da Pérsia. Você já se dobrou perante tanta coisa, Mordecai. Isso é hora de arrumar encrenca? Você é um sobrevivente. Você sabe como a vida funciona na casa da Pérsia. Vamos, dobre esses joelhos".

Chega no ponto em que o homem finalmente para. Chega no ponto em que sua consciência não permite que ele siga. Não mais. Isso é muito encorajador para nós *Mordecais*. Como vimos, não somos tão como Daniel como gostamos de pensar, cheios de coragem e sem nos comprometermos com coisas ruins do reino em que vivemos. Somos mais mesmo é como Mordecai e como Ester e, sim, já nos contaminamos com ações e formas de pensar da Pérsia Secular em que vivemos. Somos povo de Deus, mas nem sempre agimos como tal. Mas eis esperança. Pois até Mordecai pode sim, ainda que de vez em quando, dar uma de Daniel, Hananias, Misael e Azarias.

Ainda que tenhamos ignorado a consciência e feito coisas que não devíamos na casa Secular em que vivemos, podemos chegar no ponto de parar e agir. Mordecai não vinha se saindo muito bem em sua identidade como judeu. Mas ele agora vai. Não mais.

Essa é uma perspectiva bem realista sobre quem nós somos. Aliás, não temos a história de cada dia da vida de

Daniel. É obvio que ele pecou e também precisa de um redentor. Daniel por certo teve dias de Não-Daniel. Mesmo que você venha sendo Mordecai, você pode dar o passo diante de Deus e honrá-lo fazendo o que é certo.

Mordecai não vai se dobrar. Mas qual a motivação dele? O que o leva ao limite? Por que aqui ele resiste? A resposta para o que leva Mordecai ao limite é algo que o texto mostra de uma maneira um tanto sutil. Estamos falando de Hamã, o agagita. Para entender a importância disso, precisamos voltar a uma história anterior do povo de Deus.

Em 1 Samuel 15 há uma história ligada à relação de Israel com os amalequitas. Mas para entender melhor precisamos voltar ainda antes, a Êxodo 17, quando o povo de Deus estava saindo do Egito e foi atacado covardemente por um povo chamado amalequitas. Eles atacaram por trás, alvejando os fracos de Israel (Dt 25.17 e 18). Coisa pavorosa. Isso os levou a uma batalha contra os amalequitas. Naquele dia o SENHOR foi sua bandeira, Moisés ficou sobre o monte com os braços erguidos e eles tiveram grande triunfo militar. Anos depois, o primeiro rei de Israel, Saul, recebeu de Deus a incumbência de apagar Amaleque da história. Essa é a história de 1 Samuel 15. Venceram a batalha, mas Saul não cumpriu a ordem divina por completo. Ele deveria ter promovido a destruição total. Ele fez em parte e arrumou umas desculpas para trazer de volta alguns despojos de guerra. Depois disso Samuel foi até lá e despedaçou Agague, o rei dos amalequitas. E anunciou que Saul perderia o reinado.

E agora olhe para o que se passa em Susã, muitos, muitos anos depois. Ali está um agagita. Um descendente de Agague. O velho inimigo de Israel. E ele tem o poder e a glória do império persa ao seu dispor. E ali está um descendente de Benjamin, tribo de Saul, que perdeu o reinado por não ter matado Agague de onde vem Hamã.

Siga a história em Ester 3. Os servos do rei vão questionar Mordecai:

> 3 Então, os servos do rei, que estavam à porta do rei, disseram a Mordecai: Por que transgrides as ordens do rei?
> 4 Sucedeu, pois, que, dizendo-lhe eles isto, dia após dia, e não lhes dando ele ouvidos, o fizeram saber a Hamã, para ver se as palavras de Mordecai se manteriam de pé, porque ele lhes tinha declarado que era judeu.

Uma turma foi lá insistir com Mordecai. Por que você não se dobra? E foi assim dia após dia. O que chama a atenção no verso 4? Quando eles relatam a Hamã acerca da obstinação de Mordecai, eles explicam que nisso ele lhes declarou ser judeu. A razão não é política, não é econômica, não é a busca pelo poder. Ele é judeu. Ele insistiu com Ester para que ela escondesse sua origem judaica. E ao lidar com a razão para a sua insubmissão, é justamente esse elemento que vem à tona. Finalmente, Mordecai. Finalmente. É porque eu sou judeu. Eu sou parte do povo de Deus. Eu sou parte de algo maior do que eu.[3]

---

3 Penso que se pode questionar a sabedoria de Mordecai acerca do método e momento

O senso de identidade e pertencimento ao povo de Deus é algo poderoso para nos ajudar a andar na direção ao não-conformismo com este mundo. Quando estamos sozinhos, quando somos solitários e andamos por nossa própria conta, a assimilação é bem mais fácil. Precisamos ter consistentemente diante de nosso coração e olhos, os lembretes de que somos parte de algo maior do que nós mesmos, um povo que se espalha pela terra e pelo tempo, tanto para trás como para frente. Quando lembramos que nossas ações ocorrem no contexto de um povo e vão influenciar um povo, podemos ponderar melhor. Isso ajuda. Isso fortalece. Isso nos faz pensar. Na casa secular em que vivemos, o individualismo é uma das marcas do modo de vida. Pense em você mesmo e pronto. Ou ainda que se insista em alguns casos a pensar na comunidade, acaba sendo um discurso vazio. Pois a nossa identidade não deriva de fazermos tudo o que o coração anseia. Nossa identidade é individual, mas também é coletiva. Somos parte de algo maior. Somos parte do povo de Deus. Precisamos ser lembrados disso. E sim, nossas ações não-conformistas podem levar a resultados perigosos. Mas há uma forma de encarar mesmo esses riscos que pode proteger o coração.

LEMBRANDO DO QUE ESTÁ REALMENTE EM JOGO
Vejamos como segue a história.

em que ele decide se rebelar. Porém, é claro, é inquestionável que ele entendeu ser um limite que ele não poderia cruzar em boa consciência. Por vezes, é apenas na própria hora da tentação que o coração percebe onde está e age.

5 Vendo, pois, Hamã que Mordecai não se inclinava, nem se prostrava diante dele, encheu-se de furor.

6 Porém teve como pouco, nos seus propósitos, o atentar apenas contra Mordecai, porque lhe haviam declarado de que povo era Mordecai; por isso, procurou Hamã destruir todos os judeus, povo de Mordecai, que havia em todo o reino de Assuero.

7 No primeiro mês, que é o mês de nisã, no ano duodécimo do rei Assuero, se lançou o Pur, isto é, sortes, perante Hamã, dia a dia, mês a mês, até ao duodécimo, que é o mês de adar.

8 Então, disse Hamã ao rei Assuero: Existe espalhado, disperso entre os povos em todas as províncias do teu reino, um povo cujas leis são diferentes das leis de todos os povos e que não cumpre as do rei; pelo que não convém ao rei tolerá-lo.

9 Se bem parecer ao rei, decrete-se que sejam mortos, e, nas próprias mãos dos que executarem a obra, eu pesarei dez mil talentos de prata para que entrem nos tesouros do rei.

10 Então, o rei tirou da mão o seu anel, deu-o a Hamã, filho de Hamedata, agagita, adversário dos judeus,

11 e lhe disse: Essa prata seja tua, como também esse povo, para fazeres dele o que melhor for de teu agrado.

12 Chamaram, pois, os secretários do rei, no dia treze do primeiro mês, e, segundo ordenou Hamã, tudo se escreveu aos sátrapas do rei, aos governadores de todas as províncias e aos príncipes de cada povo; a cada província no seu próprio modo de escrever e a cada povo na sua própria língua. Em nome do rei Assuero se escreveu, e com o anel do rei se selou.

13 Enviaram-se as cartas, por intermédio dos correios, a todas as províncias do rei, para que se destruíssem, matassem e aniquilassem de vez a todos os judeus, moços e velhos, crianças e mulheres, em um só dia, no dia treze do duodécimo mês, que é o mês de adar, e que lhes saqueassem os bens. 14 Tais cartas encerravam o traslado do decreto para que se proclamasse a lei em cada província; esse traslado foi enviado a todos os povos para que se preparassem para aquele dia.

15 Os correios, pois, impelidos pela ordem do rei, partiram incontinenti, e a lei se proclamou na cidadela de Susã; o rei e Hamã se assentaram a beber, mas a cidade de Susã estava perplexa.

Mordecai abraça o risco de se identificar como um povo não-conformista. Isso é lindo, louvável e isso traz consequências. Hamã não gosta nada disso. Como Mike Cosper nota bem, para o coração orgulhoso, não importam os milhares que se dobraram; o que tira o sono é aquele um que não se dobrou.[4]

Hamã não quer apenas eliminar Mordecai. Para ele é pouco. Ele também conhece a história de 1 Samuel 15. Ele também sabe da inimizade. Ele entende muito bem. Hamã resolve destruir todos os judeus. Em Susã? Não. Não apenas em Susã. Em todo o reino de Assuero. Nas cento e vinte e sete províncias, da Etiópia até a Índia. Ele quer causar genocídio; apagar um povo da face da terra. Hamã é inimigo

4 Cosper, *Faith among the faithless*, p.93.

do povo de Deus. Ele vai convencer o rei a fazer a sua vontade perversa.

Hamã apela para o orgulho e para o bolso do rei. Existe um povo que está aí espalhado por todas as províncias, eles têm as leis deles e não cumprem as leis do rei. Eles não se conformam! Isso é intolerável! A ideia de súditos insubmissos não agradaria nenhum soberano, é claro. Para Assuero, entretanto, a questão do orgulho seria particularmente sensível. Não muito antes desses eventos, ele teve o orgulho ferido pela derrota na Grécia. Os ousados gregos se recusaram a se conformar. E agora Hamã diz que tem uma turminha que faz a mesma coisa. Hamã não mencionou a Grécia, ao menos não temos registro disso. Mas você acha que isso passou pela cabeça de Assuero, ou não?

Além de mexer com o orgulho, Hamã mexe com o bolso real. A outra parte da proposta envolve dinheiro. Se bem parecer ao rei decrete-se que sejam mortos, e eu pesarei dez mil talentos de prata para que entrem nos tesouros do rei. Hamã tem muito dinheiro e ele está oferecendo ao rei um negócio da Pérsia. Que bela oportunidade para Assuero! Como Bryan Gregory nota bem, o rei nem parece se dar conta que se esse plano de fato fosse em prol do bem estar do rei, nem seria necessária a oferta dessa propina.[5] Veja que terror: Numa tacada só ele se livra do que estão dizendo aí ser uma ameaça e ele ainda enche os cofres reais que provavelmente estavam em frangalhos após a campanha militar na Grécia. Será que isso foi tentador ao coração dele?

5 Gregory, *Inconspicuous*, LOC 1023.

Com certeza. Um homem poderoso quer se certificar de que está sendo atendido e obedecido pelos que estão abaixo dele. E esse monte de prata? Estamos falando de centenas de toneladas de prata. Afinal um programa de extermínio sistemático como esse envolve muitos gastos.

E Assuero, como age? Um rei justo iria analisar de fato se procedem as acusações de Hamã, não? Ele nem se dá ao trabalho. O rei parece não se importar muito – percebe como ele não quer saber muito dos detalhes?[6] Hamã nem mesmo disse qual é o tal povo insubmisso. E Assuero nem pergunta. É importante notar a inversão: quem salvou Assuero da morte foram dois judeus, e agora todos os judeus estão marcados para a morte pela tolice do rei.[7] Esse rei não parece ser muito sábio e nem justo.

Veja o mal se mostrando de três formas complementares e assustadoras. Veja o mal se instalando. Como diz David Strain: "É uma história de arrepiar que seria difícil de acreditar, se não fosse por Auschwitz, Ruanda, Kosovo e Sudão".[8] O mal se mostra de forma multifacetada. Há o mal de Hamã. Ódio perverso que conta vida humanas como nada e que se for preciso investe seu próprio dinheiro na destruição. Há o mal de Xerxes: o mal de quem nem quer saber muitos detalhes, simplesmente vai se eximir e com uma canetada assinar uma sentença de genocídio.[9]

---

6 Ver discussão em Duguid, *Esther & Ruth*, p.37 e 38.

7 Strain, *Ruth & Esther*, p.110.

8 Strain, *Ruth & Esther*, p. 110.

9 Esse mal é muito comum. Tantas vezes é assim conosco. Nem queremos saber os detalhes de um plano, apenas queremos saber se vai sobrar algo de bom para a gente.

Há ainda o mal de quem vai exterminar. Pois a ordem e autorização será dada por todo o império: está aberta a temporada de caça aos judeus! Podem matar e pegar as coisas deles e pronto, não haverá nenhuma sanção a quem fizer isso! Há uma certa perplexidade na cidade, afinal são notícias chocantes mesmo para quem vive na Pérsia. Porém, como Mike Cosper lembra bem, muitos bons persas, cidadãos de bem, leais ao governo, começaram a amolar suas facas.[10]

A ordem é transmitida adiante.[11] A máquina governamental é acionada e haverá gente para escrever a notícia e gente para traduzir em muitas línguas. O correio estatal levará em frente a notícia para todo lado.

E agora? O judeu Mordecai foi dar uma de herói e lascou todo o seu povo, colocou uma sentença de morte sobre todos os judeus, da Etiópia até a Índia, cento e vinte e sete províncias. Boa, Mordecai, custava ter se dobrado?

E complicou a vida para todos os judeus:

"E então, onde quer que você olhe, pessoas estão te encarando. Seus vizinhos com quem você teve amizade a vida toda param de falar com você. Os valentões que nunca gostaram de você agora zombam e riem sempre que lhe veem. Você nota pessoas andando ao redor da

---

10 Cosper, *Faith among the faithless*, p. 201. Está aí uma boa medida do caráter e integridade de alguém. Como essa pessoa age quando sabe que não importa o que faça, ela não será pega nem punida?

11 Bryan Gregory sugere que o envio tão cedo do edito para o império pode ser visto como mais um ato cruel de Hamã, querendo infligir a agonia da espera dos judeus. Ver *Inconspicuous*, LOC 1039.

casa, e dá para ouvi-las discutindo quem vai ficar com suas coisas quando você se for. Você observa a forma que homens começam a olhar para suas filhas ou sua esposa, e você se dá conta que eles estão apenas esperando chegar o dia em que poderão matar e estuprar todos os que você ama—e pilhar tudo aquilo pelo que você passou a sua vida trabalhando".[12]

A BATALHA DAS LINHAGENS

Precisamos, como sempre, examinar a história biblicamente. Tudo indica que foi o entendimento de fazer parte de algo maior que deu a Mordecai o senso de que precisava agir. Ele se viu como parte do povo de Deus e de um conflito que já durava há gerações. Assim é conosco também. Se entendermos a real natureza do conflito, estaremos mais atentos e mais prontos a resistir no dia mau.[13]

A Bíblia fala sobre um conflito que começou no dia da queda humana. No dia em que nossos pais foram enganados pela serpente. Deus trouxe boas e más notícias para Adão e Eva, e péssimas para a serpente (Ver Gn 3.14-19). E dentre as diversas coisas que foram ditas, uma delas é que a semente da mulher faria guerra contra a descendência da serpente. A promessa é de que haveria um conflito na história humana, e que a tal serpente seria derrotada e a sua cabeça esmagada. O diabo vem desde o início buscando formas de matar e impedir o nascimento do tal descendente da mulher.

12 Cain, Timothy. *The God of Great Reversals: The Gospel in the Book of Esther* (p. 142). Unknown. Kindle Edition.

13 Strain, *Ruth & Esther*, p. 110.

À medida que a história humana avançou, foi prometido que esse descendente seria da linhagem de Abraão. A promessa foi afunilando para a descendência de Isaque, depois de Jacó, depois da linhagem de Judá e por fim nos foi ensinado que o Messias seria alguém da linhagem de Davi.[14] E veja o que se passa aqui. Por obra de Hamã e Assuero, tudo indica que a serpente vai impedir os planos messiânicos. Todos os descendentes de Judá serão mortos. A guerra por detrás das guerras terminará. Hamã deseja exterminar os judeus. Ele está, ainda que não saiba disso, trabalhando para os propósitos diabólicos de destruir a linhagem pela qual Deus prometeu trazer o Messias. Se o plano de Hamã prevalecer, o plano divino messiânico será frustrado.

Lembrar da figura mais ampla na história da humanidade nos será útil. Lembrar que a nossa vida é acerca de mais do que a nossa vida. É acerca de um povo a quem pertencemos. É acerca de um salvador que triunfa em nome desse povo e que nos comprou para ser dele. É útil demais lembrarmos que, no final das contas, os sofrimentos do povo de Deus dizem respeito a algo maior do que meramente às nossas lutas cotidianas. Somos um povo resgatado. A semente já veio e já esmagou a cabeça da serpente, sendo ferido mortalmente no processo. Lembrar qual é a batalha ajuda a lembrar qual é o final da batalha.

---

14 Para discussões mais profundas sobre esse pacto e suas promessas, procure bons livros de linhagem reformada sobre teologia do pacto. Por exemplo, O.P. Robertson no clássico *O Cristo dos pactos* (Ed. Cultura Cristã). Ou ainda *Deus é fiel* (Ed. Monergismo) de Francisco Leonardo Schalkwijk. A teologia Bíblica de Geerhardus Vos e os livros de Gerard Van Groningen também serão úteis para entender essas coisas.

No primeiro capítulo vimos que a gente tende a achar que Deus não está agindo por não vermos coisas sobrenaturais acontecendo em nossa vida. E aqui na história não estamos vendo Deus agir, estamos? Perceba, como é determinado o dia em que haverá o massacre judaico? Por meio de um lançamento de sortes, o Pur, feito até cair num determinado dia, (v.7). Determinado por quem? Como a Bíblia diz em Provérbios 16.33: "A sorte se lança, mas do SENHOR procede toda decisão". Será que esse dia e esse mês foram selecionados pelo acaso? O sorteio ocorre no primeiro mês do ano e a data marcada será apenas no décimo segundo. Há tempo. Há tempo suficiente para que coisas aconteçam. Deus está agindo, mesmo quando parece que nossa cabeça está a prêmio.

A confusão em Susã marca o final do capítulo. Não parece haver um ódio generalizado contra os judeus nem nada assim. Muita gente vai simplesmente se ver na posição de executar ordens vindas de cima e é isso. E está todo mundo meio chocado. Todo mundo não. Assuero e Hamã estão tranquilos bebendo no *happy hour* persa.

Há grande injustiça aqui, é óbvio. Mordecai e seu povo serão mortos por uma sentença cruel e injusta de um rei facilmente enganado pelo seu assessor. Mas sabe onde não há injustiça? Quando o grande Deus de toda a terra sentencia a humanidade inteira a perecer. Sim. Por causa do pecado, há uma sentença justa por sobre toda a humanidade. O surpreendente na história do mundo não é essa sentença. É que Deus provê um caminho de escape para os que crerem. Em Cristo há saída para escapar dessa punição. Como Ian Duguid nos lembra,[15] ao invés de documentos anunciando aos quatro cantos da terra o decreto de morte, temos a glória de uma notícia que está sendo levada aos quatro cantos da terra de que o Deus bom em Cristo oferece vida. Nós somos enviados do reino de Cristo, levando a boa notícia de que todo aquele que crer não irá perecer, mas terá vida eterna.

NÃO MAIS

E assim deixamos Mordecai. Gostamos de ver, Mordecai! Afinal, nos dá esperança de que, em Cristo, podemos sim agir como parte do povo de Deus. Não, não seremos perfeitos. Não mesmo. Porém, se entendermos que somos parte de um povo que se chama pelo nome de Cristo, se entendermos que há sim muito em jogo em nossas pequenas ações, agiremos. Pode ser diferente, se entendermos que, por vezes, atos de pequena ousadia e aparente pequeno alcance podem resultar em grandes coisas, seremos mais prontos a ouvir a voz de Deus ao invés das vozes do mundo e do velho homem. Seremos mais prontos a nos identificarmos com Cristo e com os que são dele. Estaremos menos propensos a dobrar os joelhos perante os poderes deste mundo. Estaremos mais firmes na hora de dizermos: não mais.

Não mais. Pelo meu Senhor. Pelo meu povo. Pelos que estão ao meu redor. Pelos que vieram antes e

15 Duguid, *Esther & Ruth*, p. 42.

sangraram para que o evangelho e o livro santo chegassem até mim. Não mais. Pelos que se aventuraram mares a fora para levar a mensagem de salvação. Não mais. Pelos que fiel e ordinariamente ensinaram seus filhos, pregaram em igrejas obscuras, contaram para seus vizinhos sobre as velhas boas novas. Não mais. Pelos meus filhos que ainda nem entendem direito, mas já dizem amar Jesus. Pelos meus netos que talvez eu nem venha a conhecer. Pelo povo do Senhor que daqui a cem anos estará vivendo Deus sabe onde, cantando as nossas músicas, lendo alguns dos nossos livros, talvez contando uma ou outra de nossas histórias. Ou não. Seja como for, não mais. Pelo rei humilhado que morreu numa cruz para que eu vivesse. Pelo rei exaltado que venceu a morte e me ama e me protege. Não mais. Pelo rei triunfante que voltará em glória e este mundo verá a verdade. Não mais.

ESTER 4
QUANDO CHEGA A HORA DE DECIDIR

"Chorar é adequado em sua forma enquanto dura. Mas cedo ou tarde você precisa parar, e então ainda precisará decidir o que fazer.", *A cadeira de prata* – C.S. Lewis

"Assim como todos que testemunham tempos sombrios como este, mas não cabe a eles decidir, o que nos cabe é decidir o que fazer com o tempo que nos é dado.", *A Sociedade do Anel* – J.R.R. Tolkien.

"If it takes my whole life, I won't break I won't bend.", *Answer* – Sarah McLachlan

"Com grandes poderes vêm grandes responsabilidades." – Tio Ben Parker

"Cause you´re a king and I´m a lionheart.", *King and Lionheart* – Of Monsters and Men

"It seems that all my bridges have been burned
But you say 'That's exactly how this grace thing works'
It's not the long walk home that will change this heart
But the welcome I receive with every start.", *Roll away your stone* – Mumford & Sons.

Chega o momento de agir. Quando crises se fazem presentes, precisamos decidir o que fazer, mesmo com o coração abalado. Nosso capítulo encontra o povo do Senhor em uma baita crise. E quase ninguém está em posição de agir. Ester até aqui vem sendo levada pelos ventos persas. No capítulo anterior vimos Mordecai mudar de atitude e começar a se arriscar por quem ele é de fato. Será que com ela vai ser assim também? Vejamos o que acontece:

1 Quando soube Mordecai tudo quanto se havia passado, rasgou as suas vestes, e se cobriu de pano de saco e de cinza, e, saindo pela cidade, clamou com grande e amargo clamor; 2 e chegou até à porta do rei; porque ninguém vestido de pano de saco podia entrar pelas portas do rei. 3 Em todas as províncias aonde chegava a palavra do rei e a sua lei, havia entre os judeus grande luto, com jejum, e choro, e lamentação; e muitos se deitavam em pano de saco e em cinza. 4 Então, vieram as servas de Ester e os eunucos e fizeram-na saber, com o que a rainha muito se doeu; e mandou roupas para vestir a Mordecai e tirar-lhe o pano de saco; porém ele não as aceitou.

O que sentimos naqueles momentos que mais trazem frio na barriga? Todos sabemos da sensação desagradável que é a véspera de uma prova que pode mudar a nossa vida, ou a hora que não passa enquanto esperamos por uma reunião importante. Seja um encontro com a mulher amada, a entrevista de emprego ou uma conversa que precisa acontecer para tratar de problemas, a ansiedade que sentimos por um momento tenso é uma velha conhecida de todos nós.

Não é fácil seguir a vida depois de notícias que transformam tudo para o pior. Ressentimos, às vezes, o fato de que há coisas a fazer, de que há situações a resolver. Facilmente os sábados têm suas manhãs estragadas por conta de reparos que se fazem necessários na casa, no carro ou até mesmo no cachorro. Em nossa história o dia de muita gente acaba de ser arruinado por causa do decreto real. Como o texto nos indica, há muito luto, muita tristeza. Muitos perceberam que seus sonhos de futuro ficam prejudicados, interrompidos. Pais olharam para seus filhos e começaram a imaginar que eles nunca chegariam à idade adulta. Crianças provavelmente falaram a seus pais sobre seus sonhos e foram recebidos com meio sorrisos doloridos. A onda da notícia vai se espalhando por todo lugar onde há judeus. Junto com a notícia vai se alastrando uma onda de choro, luto e tristeza. Um tsunami de lamento que ameaça inundar o império.

Por vezes, o medo e a tristeza podem ser paralisantes. Ficamos amedrontados, nos sentimos ínfimos perante as circunstâncias e chegamos até mesmo a parar de funcionar. Por vezes, a demora em reagir faz tudo piorar. O povo de Deus acaba de descobrir que há uma contagem regressiva contrária ao seu bem-estar. Mordecai está de luto. Ele anda pela cidade com roupas de luto, clamando em alta voz. O que mais fazer? O que mais tentar? Mordecai é um judeu e ele sabe muito bem que seu futuro e o de seu povo estão em grave risco. E agora Mordecai se vê em situação desesperadora.

A POSSIBILIDADE DE AGIR

Ester fica preocupada com aquilo tudo. Vejamos como a história segue:

> 5 Então, Ester chamou a Hataque, um dos eunucos do rei, que este lhe dera para a servir, e lhe ordenou que fosse a Mordecai para saber que era aquilo e o seu motivo.
>
> 6 Saiu, pois, Hataque à praça da cidade para encontrar-se com Mordecai à porta do rei.
>
> 7 Mordecai lhe fez saber tudo quanto lhe tinha sucedido; como também a quantia certa da prata que Hamã prometera pagar aos tesouros do rei pelo aniquilamento dos judeus.
>
> 8 Também lhe deu o traslado do decreto escrito que se publicara em Susã para os destruir, para que o mostrasse a Ester e a fizesse saber, a fim de que fosse ter com o rei, e lhe pedisse misericórdia, e, na sua presença, lhe suplicasse pelo povo dela.
>
> 9 Tornou, pois, Hataque e fez saber a Ester as palavras de Mordecai.

10 Então, respondeu Ester a Hataque e mandou-lhe dizer a Mordecai:

11 Todos os servos do rei e o povo das províncias do rei sabem que, para qualquer homem ou mulher que, sem ser chamado, entrar no pátio interior para avistar-se com o rei, não há senão uma sentença, a de morte, salvo se o rei estender para ele o cetro de ouro, para que viva; e eu, nestes trinta dias, não fui chamada para entrar ao rei.

12 Fizeram saber a Mordecai as palavras de Ester.

13 Então, lhes disse Mordecai que respondessem a Ester: Não imagines que, por estares na casa do rei, só tu escaparás entre todos os judeus.

14 Porque, se de todo te calares agora, de outra parte se levantará para os judeus socorro e livramento, mas tu e a casa de teu pai perecereis; e quem sabe se para conjuntura como esta é que foste elevada a rainha?

Mordecai não pode fazer muito, porém o que ele pode, ele faz. Como diz David Strain:

"A soberania de Deus governa e dirige todas as coisas, inclusive nossas livres ações e decisões, e, ainda assim, Ester 4 nos ensina; nossas responsabilidades não podem ser negadas apelando para a soberania de Deus".[1]

É verdade. Mordecai é responsável pelo que lhe cabe, assim como Ester. Por vezes, deixamos de agir por pensar

---

1 Strain, *Ruth & Esther*, p.114.

96 | ESTER NA CASA DA PÉRSIA

que somos pequenos demais para fazer diferença, mas isso não é verdade. Somos sempre do tamanho que Deus quer que sejamos para enfrentar o que ele mesmo colocar em nosso caminho.

Ester fica preocupada pois algo está obviamente acontecendo e envia um de seus serviçais, o eunuco Hataque, para descobrir o que se passa. Como Ian Duguid nota bem, Ester está tão isolada da comunidade do pacto que ela é a única judia em todo o império que não sabe o que se passa com seu povo.[2] A notícia não é nada boa. Mordecai relata o plano de Hamã, detalhando até mesmo a quantia de prata envolvida na transação. Pede ainda que Ester, tendo oportunidade, aproveite para clamar ao rei por misericórdia. Tentar algo, ainda que a esperança seja pequena. Mordecai confia em algo, ainda que não explícito:

> "Mordecai expressa absoluta certeza de duas coisas. Primeiro, os judeus irão sobreviver. Se Ester permanecer calada, alívio e salvação virão de 'algum outro lugar'[...] a segunda coisa de que ele está certo é que Ester tem uma responsabilidade moral de agir..."[3]

Começa então um vai e vem onde Hataque leva mensagens entre Ester e Mordecai. A rainha explica que não é tão simples assim. Ela não pode ir chegando na presença de

---

2 Duguid, *Esther & Ruth*, p.47. Mais adiante ele faz o ótimo ponto de que se nós soubéssemos de fato o que o povo de Deus passa e sofre neste mundo, também teríamos sempre razão para jejum e lamento. Duguid, *Esther & Ruth*, p.56.

3 Webb, *Five festal garments*, p. 122.

QUANDO CHEGA A HORA DE DECIDIR | 97

Assuero sem ser convidada. A pena pode ser de morte, caso ele não estenda seu cetro de ouro indicando que permite a aproximação. E ela, então, explica algo que provavelmente pega Mordecai de surpresa. Já tem trinta dias que ela não é chamada para estar com Assuero. Ela foi sim a escolhida, ela é a bela Ester, a princesa da Pérsia. Mas faz um bom tempo que o rei não a convida. Lembre-se de que Assuero tem um baita harém. Presumivelmente, nesses trinta dias o rei não anda dormindo sozinho. Com isso Ester indica que ela não está com grandes esperanças de ser poupada, caso se aventure a aparecer perante o rei sem ser convidada. Hataque leva a mensagem. E Mordecai responde com palavras duras de serem ouvidas.

Vai mais ou menos assim: "Não ache, Ester, que por ser rainha você será poupada. Você está no mesmo barco que o resto do povo de Deus. E, vale dizer, ao se recusar a ajudar, você está perdendo uma grande oportunidade". Embora Mordecai não faça menção a Deus, ele por certo tem isso no fundamento de seu pensamento ao dizer que o auxílio poderá vir de outro lugar.[4] E é sempre assim mesmo. Deus tem recursos ilimitados. Não faltam possibilidades para Deus agir e atingir seus propósitos. Ester está numa posição ímpar. Ela é a única judia em todas as cento e vinte e sete províncias, da Etiópia até a Índia, que está em uma óbvia posição de ajudar. Será que não foi precisamente para

4 Ian Duguid tem uma boa discussão onde ele argumenta que não somente pode haver aí a triste ideia de Ester perder a oportunidade de servir, como também poderiam surgir más consequências, talvez até mesmo da parte de Deus, por Ester se recusar a usar bem os seus talentos. Ver discussão em Duguid, *Esther & Ruth*, p.49,50.

essa ocasião que Deus a colocou naquele lugar? Deus não depende de Ester, ele tem recursos ilimitados. Ele colocou Ester lá, portanto, o que faz mais sentido é que ele se utilize da posição privilegiada dela nessa ação. É hora de decidir o que ela é:

> "Por alguns anos, desde que foi ao harém, ela vem vivendo uma vida submersa na cultura persa, com suas raízes judaicas completamente escondidas e obscurecidas. Mas agora ela não pode mais viver assim. Não há como pertencer ao povo de Deus, enquanto vivendo como filha do mundo. Não há como ser um cristão secreto e um pagão público. Ester terá de escolher. E nós também".[5]

Assim como foi com Mordecai, Ester está chegando no ponto de dizer "não mais". E talvez Deus faça o mesmo conosco; colocando caminhos duros que não permitirão que continuemos camuflando nossa fé. Glória a ele por isso.

O Dr. Elias Medeiros[6] costuma falar sobre geoteologia. É uma terminologia que ele usa para dizer que não devemos desprezar nossa geografia. Deus em sua soberania colocou cada um de nós em uma situação ímpar. A família em que nascemos, a escola em que estudamos, o condomínio em que vivemos. Cada um desses elementos está nos planos do Senhor. Há situações em que podemos ser particularmente úteis por conta de nosso posicionamento.

---

5 Strain, *Ruth & Esther*, p.115.
6 Quem ainda não conhece o Elias, precisa conhecer.

Claro, Deus pode utilizar outras pessoas para ajudar naquele problema no seu edifício, para evangelizar o vizinho, para tratar o casamento de seus primos. Mas você já está estrategicamente posicionado. Por vezes, cristãos querem mudar o mundo, querem fazer missões no outro lado do globo, porém se recusam a agir nos locais óbvios onde Deus já os colocou.

Tim Keller utiliza o exemplo de Ester para fazer considerações muito pertinentes sobre a questão da vocação:

> "Mardoqueu [Mordecai] está dizendo que, se Ester se arriscar a perder o palácio, talvez perca tudo, mas, se não se arriscar a perder o palácio, perderá tudo. É um argumento angustiante. [...] É natural firmar sua identidade na posição que ocupa no palácio; sentir-se seguro em ter algum controle sobre as variáveis de sua vida; encontrar significado na influência que exerce em determinados círculos. Mas se não estiver disposto a arriscar sua posição no palácio em benefício dos semelhantes, o palácio controla você".[7]

Ester não quer ver seu povo dizimado, é claro. Porém, ela hesita em fazer aquilo que Deus estrategicamente a colocou para fazer. É claro, nem sempre é fácil discernir e decidir essas coisas. Tomada de decisões é um tema bem complicado e deveras misterioso para muito do povo de Deus. Vamos ver isso com mais calma a seguir.

---

7 Timothy Keller, *Como integrar fé e trabalho* (Vida Nova, 2014) p.117.

ESTER NA CASA DA PÉRSIA

A DECISÃO DE AGIR

> 15 Então, disse Ester que respondessem a Mordecai:
>
> 16 Vai, ajunta a todos os judeus que se acharem em Susã, e jejuai por mim, e não comais, nem bebais por três dias, nem de noite nem de dia; eu e as minhas servas também jejuaremos. Depois, irei ter com o rei, ainda que é contra a lei; se perecer, pereci.
>
> 17 Então, se foi Mordecai e tudo fez segundo Ester lhe havia ordenado.

Cristãos muitas vezes sofrem com o processo de decidir qual curso de ação seguir. Por vezes, essa angústia é fruto de um entendimento errado acerca de como Deus nos dirige. É como se Deus tivesse algo que ele deseja nos dizer, mas que ele misteriosamente não diz, apenas no máximo nos dá pistas e impressões. O pastor Heber Campos Júnior explica: "Muitos esperam um trailer antecipado do filme de sua vida. Uma amostra suficiente para lhes tranquilizar que Deus está guiando".[8]

O problema não é apenas dos jovens, mas em particular diz respeito a eles, pois estão em momento de muitas decisões.[9] Infelizmente uma visão estranha sobre descobrir a vontade de Deus tem causado enorme prejuízo ao povo de Deus e, sem contar, muita ansiedade. A hesitação de tomada de decisões em nosso tempo tem a ver com a

---

8 Heber Campos Junior, *Tomando decisões segundo a vontade de Deus* (Ed. Fiel), p. 27.
9 Afinal, é em geral nessa fase da vida que ocorrem as grandes transições: de solteiro para casado, de dependente para independente, de estudante para trabalhador, etc.

incomparável liberdade e opções que temos hoje. Todo o senso de que portas inúmeras se abrem, e ao fecharmos algumas, nós perdemos possibilidades de uma existência mais feliz ou mais plena. Pense nas escolhas de alguém que deseja ser engenheiro, por exemplo. São quantas as possibilidades? Engenharia naval, civil, elétrica, mecânica, química, mecatrônica, etc. Considere a variedade de produtos e serviços que temos à nossa disposição. Pense nas opções de turismo à nossa disposição, é claro, se pudermos pagar. O simples plano de ir consultar um médico pode ser uma escolha terrível entre uma lista de nomes. No campo do entretenimento, é sem limite o que temos na ponta dos dedos. Basta um smartphone e temos filmes, música, jogos, chats e toda a infinidade da internet para nos entreter. Se em gerações anteriores o campo de possibilidades era extremamente limitado, hoje é quase sem limites. E com medo de perder inúmeras coisas, queremos que Deus decida mesmo as coisas pequenas: será que Deus deseja que eu vá pra João Pessoa ou Fortaleza no feriadão? Devo casar com fulano? Devo prestar vestibular para Engenharia "Sicrana"? E passar as férias na "Beltranolândia"? Parte desse problema é causado pela mística que se criou em torno do processo de decisão. Achamos que Deus tem um plano excelente para as nossas vidas, bem como algumas versões inferiores do plano, caso a gente não consiga descobrir o plano principal.[10]

---

10 Ver Petty, James. 2003. *Guidance: Have I missed God's Best?* (Presbyterian and Reformed Publishing), p.4ff.

102 | ESTER NA CASA DA PÉRSIA

Buscar ajuda de pessoas mais sábias é dos melhores métodos que Deus proveu na sua igreja! Precisamos entender melhor essa questão e ensinar melhor o povo de Deus acerca disso.[11] São muitos os fatores envolvidos nessa questão e ela merece um tratamento mais longo do que podemos ter aqui. Quero pontuar um elemento, entretanto: Uma das razões por que ficamos travados e não tomamos decisões é porque somos covardes! Queremos Deus nos assegurando que cada passo terminará bem.[12] Queremos alguém para culpar, caso não saia tudo bem.

Vejamos o exemplo de Ester e Mordecai. Ester não fica tentando descobrir se Deus quer que ela tente intervir ou não. É claro que é arriscado, é perigoso entrar diante de Assuero sem ser convidada. Ela, porém, considera a questão, pondera acerca da posição em que está e o que pode fazer e resolve agir. Ela pede que jejuem por ela, mas ela já decidiu.[13] Ester não fica esperando um sinal dos céus a fim de ver se era a coisa certa a fazer.[14] Ela não passou se-

---

11 Recomendo fortemente dois livros sobre o assunto. Um é o já citado livro do Dr. Heber Campos Júnior. Outro é o do pastor Kevin DeYoung: *Faça alguma coisa. Uma abordagem libertadora para descobrir a vontade de Deus.* (Ed. Cultura Cristã, 2018).

12 Claro, tudo coopera para o bem dos que amam a Deus. O problema é que nós mesmos queremos definir o que é o tal "bem".

13 É claro, sempre nas escrituras o jejum vem acompanhado de oração. Como Ian Duguid lembra bem, até os pagãos de Nínive, quando ouvem a mensagem de Jonas, se arrependem com jejum e clamor aos céus. Ver discussão em Duguid, *Esther & Ruth*, p.46. Aliás, vale dizer que o jejum bíblico sempre é um reconhecimento da dependência de Deus. Assim temos por parte dos personagens um reconhecimento, ainda que implícito, de que a matéria está em última instância nas mãos divinas. Ver discussão sobre isso em Duguid, *Esther & Ruth*, p.52.

14 Mesmo o famoso exemplo de Gideão por vezes é mal-entendido. O sinal que Deus dá a Gideão não é para que aquele homem saiba o que fazer; Deus já havia dito o que ele tinha de fazer. O sinal é apenas para assegurar Gideão de que o Senhor seria com

manas tentando discernir a vontade de Deus. Como Kevin DeYoung coloca:

> "Ester não esperou semanas ou meses num limbo decisório tentando discernir a vontade de Deus para sua vida antes de agir. Ela simplesmente fez o que era certo e avançou sem uma palavra especial de Deus. Se o rei estendesse seu cetro dourado, louvado seria o Senhor. Se ele não o fizesse, ela morreria. Ester foi mais corajosa do que a maioria dos homens que conheço, incluindo a mim mesmo. Muitos de nós – homens e mulheres – somos extremamente passivos e covardes. Não assumimos riscos em nome de Deus porque estamos obcecados com a segurança e o futuro. É por isso que a maioria das nossas orações se divide entre duas categorias: ou pedimos que tudo fique bem ou pedimos para saber que tudo ficará bem. Oramos por saúde, viagens, empregos – e devemos orar por essas coisas. Mas muitas das nossas orações se reduzem a: 'Deus, não permita que qualquer coisa desagradável aconteça. Faça com que tudo fique bem para todos'".[15]

Mas a confiança que Deus sabe e planeja o futuro nos liberta disso tudo. Ela nos chama a agir. Ester decide que irá, e ela fez bem. Aliás, como bem nota Franklin Ferreira, eles "não se entregaram à apatia, aguardando o possível extermínio que lhes estava sendo ardilosamente arquitetado;

---

ele. E mesmo isso só foi necessário pela falta de fé de Gideão. Ele quis andar por vista.

15   Kevin DeYoung, *Faça alguma coisa*, p.27.

104 | ESTER NA CASA DA PÉRSIA

antes, traçaram uma estratégia eminentemente política e a executaram".[16] Há espaço para sábias ações políticas de homens e mulheres comprometidos com o reino de Deus.

E nisso tudo temos de estar sempre treinando o coração com a palavra de Deus.

> "Quando buscamos a vontade de Deus, ainda somos responsáveis por nossas escolhas. Após ter meditado em sua Palavra, ter orado e pedido conselho a pessoas maduras, podemos avançar com confiança. Frequentemente temos de agir sem estar 100% seguros, mas fizemos a melhor escolha possível, segundo os princípios da sabedoria bíblica. Em muitos casos, a plena convicção de haver feito a melhor escolha vem somente depois da decisão, quando vemos seus frutos na providência de Deus."[17]

Assim deixamos nossos personagens. Como tanto em nossa vida, eles vão com coragem enfrentando incertezas, buscando seguir o melhor caminho, mesmo sem saber se vai dar certo como desejam. Ester decide agir, e manda dizer a Mordecai que convoque os judeus em Susã a jejuarem por ela. Ela e as servas vão jejuar também. E irão seguir. Se

---

16 Ferreira, *Contra a idolatria*, LOC 123. É claro, a ação política de agentes cristãos é um assunto delicado e denso. É uma atividade cheia de riscos, inclusive para quem ali labuta. Como diz Franklin Ferreira: "É necessário que aqueles que servem nos palácios guardem seu coração das tentações do poder ou do silêncio". LOC 127. Ver toda a discussão sobre o assunto no capítulo 1 do livro *Contra a idolatria do estado*.

17 *Misticismo*, Rose-Marie e Jean Marc Berthoud (Monergismo, 2019), p.90.

perecer, perecerá. Corajosa ela, não? Corajosa, mesmo com a morte assim a espreitá-la!

Jesus Cristo, nosso salvador, também se viu diante de encruzilhadas em seu caminho. Quando se aproximava o momento de sua prisão, ele orou ao Pai, pedindo para que aquele cálice se afastasse dele, se possível, mas que a vontade do Pai permanecesse.

> "O verdadeiro mediador entre Deus e o homem, na plenitude do tempo tomou carne e apareceu neste mundo. Longe de se manter confortavelmente isolado de sua comunidade, como Ester estava, Jesus se identificou conosco plenamente. Ele tomou forma de servo e viveu como um de nós neste mundo caído e adoecido pelo pecado. Então, após ter cumprido sua vida de perfeita obediência, ele compareceu perante o Pai, sabendo que não estaria apenas arriscando sua vida, mas entregando-a."[18]

Ester foi ao palácio sem saber se iria viver ou perecer. Jesus foi ao palácio de Pôncio Pilatos plenamente certo de que iria acabar perecendo. Esse era o plano acordado antes da fundação do mundo entre Pai, Filho e Espírito Santo. Nosso rei corajosamente seguiu em frente.

---

18 Duguid, *Esther & Ruth*, p.58.

ESTER 5
CONVITES E BANQUETES

"Queria que você a conhecesse um pouco, soubesse o que é a verdadeira coragem, em vez de pensar que coragem é um homem com uma arma na mão. Coragem é fazer uma coisa mesmo já estando derrotado antes de começar – prosseguiu Atticus. – E mesmo assim ir até o fim, apesar de tudo.", *O sol é para todos* – Harper Lee.

"Lembre-se, Maya: as coisas às quais respondemos aos vinte não são necessariamente as mesmas coisas a que responderemos aos quarenta e vice-versa. Isso é verdade nos livros e também na vida.", *The storied life of A.J. Fikry* – Gabrielle Zevin.

"Às vezes tudo de que você precisa são vinte segundos de coragem insana.", *Nós compramos um zoológico* – filme de Cameron Crowe

"Persuasão não é a respeito de força; é acerca de mostrar uma porta para uma pessoa, e fazê-la desesperada para abri-la.", *The bone clocks* – David Mitchell.

Prudência. É uma palavra que conhecemos bem e ao mesmo tempo, às vezes, nós a jogamos às favas.[1] Moderação, prudência. Coisas que andam juntas e que não são exatamente marcas do nosso tempo, são? Passe um tempo, por exemplo, nas redes sociais e verá toda sorte de imprudência:

– Pessoas expondo opiniões sobre todo assunto debaixo do sol de maneira tola e apressada;

– Pessoas abrindo seu coração demasiadamente e se expondo mesmo de formas que acabam sendo danosas;

– Pessoas anunciando aos quatro ventos digitais fatos sobre suas férias, suas compras e seus hábitos. Só falta dizer para o ladrão debaixo de qual vaso fica escondida a chave reserva.

Prudência é algo importante nas redes sociais, e também na vida não digital. Nós, como povo de Deus, também navegamos com dificuldade na vida aqui no mundo. E prudência precisa ser parte disso. A gente sabe, em algum nível, que vivemos em meio a um sistema e um ambiente hostil à nossa fé e ao nosso reino. Mas a gente, às vezes, esquece disso e age com imprudência ao lidar com este mundo. Facilmente nos esquecemos de que nossa vida pode ser

---

1 Termino de escrever este livro ainda em isolamento social por conta de COVID-19. Vem sendo um tempo importante para refletirmos acerca do que essa palavra significa na prática para o indivíduo, a comunidade, a igreja e a família. Lições duras, não?

comparada à de exilados que precisam entender como viver na grande casa secular em que nasceram. Neste capítulo do livro de Ester, temos bons exemplos que nos ajudarão a entender como Deus espera que a gente viva na casa da Pérsia em que ele nos colocou.

NA CASA DA PÉRSIA CONTAMOS COM A GRAÇA DE DEUS AGINDO EM NOSSO FAVOR

> 1 Ao terceiro dia, Ester se aprontou com seus trajes reais e se pôs no pátio interior da casa do rei, defronte da residência do rei; o rei estava assentado no seu trono real fronteiro à porta da residência.

Temos acompanhado essa história tão interessante que se passa em Susã, capital do império Medo-Persa, no reinado do poderoso Xerxes. Temos visto a saga, que a essa altura do livro já atravessa vários anos, de Xerxes, suas esposas e o povo de Deus morando na casa da Pérsia. Vimos um homem perverso chamado Hamã, descendente dos antigos inimigos de Israel, conseguir convencer o rei a autorizar um genocídio que, se funcionar, vai extirpar da face da Terra o povo judaico e, embora ele não pense nesses termos, impedir que se cumpram as promessas divinas acerca do redentor.

Mordecai, que adotou Ester, explicou para ela a seriedade da situação e convenceu-a a comparecer perante o rei e tentar alguma coisa. Vimos que há enorme risco nisso. Pelo visto, o rei não anda muito interessado nela; já tinha trinta dias que não a chamava. E esse rei e seu orgulho são coisas complicadas de ferir. Ela vai aparecer perante o rei, mas se ele não estender seu cetro dando autorização para ela se aproximar, ela vai ser morta. E assim ficamos no último capítulo. Irá Ester perder sua cabeça tão lindinha?

Lá vai ela. Em perigo. Três dias de jejum e preparação. E ela se aprontou com os trajes reais. Imagino a cena decorrendo lentamente. Ela vai entrando, vai chegando. Será que o estômago estava em nó? Estaria ela ensaiando as palavras? E as mãos estariam secas? Ela chega no pátio interior. Será que nesse ponto ela pensou em correr dali? A cada passo pensou em desistir? Talvez usar algo como "estou gripada, não vai dar". Ou arrumar uma viagem, afinal ela é a rainha.

E então ela entra. Por fontes extra bíblicas sabemos que atrás dos reis persas ficava um soldado medo com um baita machado.[2] Pronto para agir. Veja, já vimos que Assuero, por mais que ache lindas as suas rainhas, está disposto a se livrar delas. Ester vem em fraqueza. Ester vem após três dias de jejum. O que vai ser dela na sala do trono? Vejamos o texto bíblico.

> 2 Quando o rei viu a rainha Ester parada no pátio, alcançou ela favor perante ele; estendeu o rei para Ester o cetro de ouro que tinha na mão; Ester se chegou e tocou a ponta do cetro.

Assuero estendeu o cetro. Que alívio. Ester alcançou favor perante ele. Está tudo bem. Ester vai viver para lutar

---

2 Gregory, *Inconspicuous Providence*, LOC 1471.

mais um dia. É interessante lembrar que nesse evento há fatores envolvidos que vão além de Ester e Assuero. Há um Deus que está sutilmente agindo e fazendo coisas acontecerem. A Bíblia nos ensina algo sobre governantes: "Como ribeiro de águas assim é o coração do rei na mão do Senhor, este, segundo o seu querer, o inclina". (Pv 21.1). A gente tem de lembrar dessas coisas. Há um Deus agindo nos bastidores. Ele inclina o coração de Assuero para que permita a entrada de Ester.

Ester está agindo com risco na casa da Pérsia. E nós somos chamados a isso também. Há muitas situações em que seremos convocados a atitudes corajosas, em nome de Deus, pelo bem do povo de Deus. Isso vai acontecer no trabalho, no lar e no colégio. Vai acontecer no terreno mais perigoso de todos, o nosso coração. Contamos, sempre, com a graça de Deus. O Deus bom e poderoso que está agindo até mesmo no coração de reis ímpios que se acham muito poderosos.

E, sabe, ao enfrentarmos os reis poderosos deste mundo, devemos nos lembrar de que por maior que seja o problema a que estejamos expostos, ele é pequeno em relação ao maior problema de todos: o pecado. A culpa que carregamos como herança de Adão e Eva. E essa cena aqui nos lembra disso. Ester foi poupada pelo grande rei dos medos e persas. Jesus, porém, não foi poupado pelo grande Deus, pois, mesmo sendo inocente, ele carregava sobre si as nossas iniquidades. Ester não era sem pecado e viveu. Cristo era sem pecado e morreu por pecadores. E por causa disso, nós podemos entrar na sala do trono livremente. A aproximação diante de Deus também é feita com favor, com graça. E não precisamos nos aproximar com hesitação. Não precisamos tentar nos arrumar. Devemos simplesmente entrar pelo sangue de Cristo com ousadia. Podemos e somos encorajados a isso, a chegarmos com alegria perante o trono do alto céu. Não porque podemos em nós mesmos, mas por Cristo. Isso é uma bela notícia para quem mora na casa da Pérsia secular. Hoje, em oração, todos nós cristãos temos acesso ao trono daquele que de fato manda no Brasil, em Brasília e no nosso coração. E um dia estaremos presencialmente em seu grande salão real. Boa esperança, não?

NA CASA DA PÉRSIA DEVEMOS AGIR COM PRUDÊNCIA

A história segue e nos lembra que além de contar com a graça de Deus, devemos aprender a andar com prudência.

> 3 Então, lhe disse o rei: Que é o que tens, rainha Ester, ou qual é a tua petição? Até metade do reino se te dará.
>
> 4 Respondeu Ester: Se bem te parecer, venha o rei e Hamã, hoje, ao banquete que eu preparei ao rei.
>
> 5 Então, disse o rei: Fazei apressar a Hamã, para que atendamos ao que Ester deseja. Vindo, pois, o rei e Hamã ao banquete que Ester havia preparado,
>
> 6 disse o rei a Ester, no banquete do vinho: Qual é a tua petição? E se te dará. Que desejas? Cumprir-se-á, ainda que seja metade do reino.

7 Então, respondeu Ester e disse: Minha petição e desejo são o seguinte:

8 se achei favor perante o rei, e se bem parecer ao rei conceder-me a petição e cumprir o meu desejo, venha o rei com Hamã ao banquete que lhes hei de preparar amanhã, e, então, farei segundo o rei me concede.

Lá está Ester perante o rei. Ele sabe que ela não foi só dar bom dia. Assuero pergunta para a rainha: "Qual é a tua petição? Até metade do reino se te dará". O rei sabe o risco que ela correu. E ele sabe que ela sabia o que poderia ocorrer. O rei por certo não imagina que ela veio por algo pequeno ou trivial; por certo, algo a está perturbando. E ele faz essa oferta pública. Isso não foi falado no ouvidinho dela, foi perante todos que estavam ali na sala do trono. Até metade do reino. Como você teria reagido? Quem sabe com um: "Opa! Adorei a ideia! Quero metade do reino!"

Ian Duguid elenca alguns dos perigos envolvidos.[3] Perceba o seguinte: se ela falasse simplesmente e, de imediato, pedisse a proteção ao seu povo, ela estaria pedindo a reversão de uma lei irreversível. As leis dos medos e persas são irrevogáveis. E lembre-se de que haveria muito dinheiro envolvido no que Assuero receberia de Hamã nessa história. Pedir para cancelar a ordem envolveria enorme perda financeira para o rei. E não somente isso. O decreto foi selado com o anel real. Que tipo de rei empenha sua palavra e depois muda o que falou? Seria embaraçoso para ele. Fica

---

3 Duguid, *Esther & Ruth*, p.62.

ainda mais complicado: ela vem escondendo dele que ela é judia. Ela nunca revelou para ninguém. Como ele vai reagir ao saber disso? Ester sabe disso tudo e ela tem um plano. Ela não vai soltar esse pedido na sala do trono na frente de todo mundo. Ela vai agir com prudência.

É interessante como às vezes pioramos ou dificultamos situações por não nos segurarmos, esperando a hora certa, ou não usarmos o ambiente adequado para lidar com algo. Um amigo meu lembrou-me de algo que João escreve em 3 João 13: "Muitas coisas tinha que te escrever; todavia não quis fazê-lo com tinta e pena, pois, em breve espero ver-te. Então conversaremos de viva voz". João estava escrevendo uma carta, e ele sabia que algumas coisas não se tratam por carta. Em nosso tempo, temos dificuldade com a ética de comunicação digital, não temos? Por vezes, ficamos tão agoniados para resolver algo que acabamos tratando por mensagem digital algo que deveríamos ter esperado para tratar pessoalmente, por vezes piorando tudo.

Ester sabe que se tentar tratar a questão naquele contexto, em plena sala do trono, não vai ter boas chances de dar certo. Ela é prudente. Ela sabe lidar com Assuero. Ela não vai soltar um pedido desses assim de supetão de forma imprudente. Ela por certo pesou as coisas e avaliou a situação. O que ela diz? "Se bem te parecer, venha o rei e Hamã, hoje, ao banquete que eu preparei ao rei." Um simples convite para um banquete. O rei topa. E manda na hora chamar Hamã. Veja o sangue frio dela! Você chamaria Hamã? Ou você manteria distância dele? Ele é o algoz do povo de Deus.

Se o plano dele der certo, todo os judeus irão desaparecer da face da terra.

Hamã, por certo, dever ter ficado radiante! Ele, com seu anseio por poder, recebe um convite exclusivo para um banquete com o rei e a rainha.[4] Estão no banquete e Assuero pergunta de novo. "Diga rainha, Ester, o que está acontecendo?" Veja, às vezes maridos são ruins de perceber que tem algo incomodando a esposa. Mas se ela faz algo que envolve risco à própria vida para atrair a atenção dele, até Assuero percebe. Ele não é bobo. Ele sabe que Ester não se arriscaria a comparecer perante ele meramente para o convidar a um banquete. Por certo haveria formas de fazer um convite. Ele sabe disso. E ele repete: "diga rainha, o que desejas, mesmo que metade do meu reino". Como Ian Duguid nota bem, Ester age com humildade. A anti-Vasti. Não com fúria indignada, não com um senso de direito sobre tudo.[5]

O que vai sair disso? Imagino Ester falando bem pausadamente. "O meu pedido e desejo são o seguinte: se achei favor perante o rei, e se parecer bem ao rei conceder-me a petição e cumprir o meu desejo". Sabe quando a pessoa "enrola" para dizer? E a gente vai ficando com o "coração na boca". Ela quase diz, mas não. Ela faz mais um simples convite. Amanhã um outro banquete, pode ser? Eu conto amanhã.

Um tanto frustrante para Assuero, com certeza. Ao mesmo tempo, mais festa! Volte amanhã com Hamã e eu lhe digo. Veja, de novo, Assuero sabe que não é esse

---

4 Pelo visto, "segurar vela" não era algo que preocupava o coração do vizir.

5 Duguid, *Esther & Ruth*, p.

116 | ESTER NA CASA DA PÉRSIA

mesmo o pedido. Ian Duguid[6] sugere que se ele voltasse ainda outra vez, isso mostraria para Ester que ele está nas mãos dela. Ele meio que está assumindo um compromisso de atendê-la. Por duas vezes ele já publicamente prometeu a metade do reino.

Veja como Ester está agindo de forma prudente e cuidadosa. Jesus certa vez nos disse que devemos ser prudentes. Foi ao enviar os seus doze em missão: "Eis que vos envio como ovelhas para o meio de lobos, sede, portanto, prudentes como as serpentes e símplices como as pombas". (Mt 10.16) A gente está tão acostumada a pensar na serpente negativamente, que esquece que aqui ela é usada como bom exemplo por Cristo. Um bicho que sabe a hora de ficar quieto, sabe a hora de se esconder, e sabe a hora de atacar. Sabe que tem muitos inimigos naturais e que precisa se proteger. E Ester é uma ovelha no meio de lobos; e a sua esperteza se mostra aqui. Ester aqui mostra uma prudência humilde, confiada na graça do Deus que age.

A vida na Pérsia envolve prudência. Sabedoria, pensar antes de agir e de falar. É um mundo hostil. Na casa secular em que vivemos não é diferente. Devemos andar com prudência confiando na mão de Deus; sabendo que não precisamos resolver todos os problemas do mundo; sabendo que nem cabe a nós tentar. Cabe a nós fazer o que neste dia está à nossa mão. Basta a cada dia o seu mal.

Como crescer em prudência? Por meio da palavra de Deus. Por meio de praticar a palavra de Deus. Por meio de

---

6 Bryan Gregory pensa assim também. Ver *Inconspicuous*, LOC 1565

aprender e imitar gente prudente. Por meio de andar com o povo de Deus. Por meio de lembrar sempre que é a casa da Pérsia, e que precisamos ser como pombas e como serpentes, se quisermos durar muito aqui. E dependendo de Deus, pois é a tranquilidade em sua soberania que nos ajuda na nossa afobação de querermos ser Deus. Nossa história então se volta para mostrar alguém que está agindo como o contrário de sábio. Alguém cuja idolatria está consumindo seu coração e que vai por isso agir como um tolo.

NA CASA DA PÉRSIA DEVEMOS FUGIR DA IDOLATRIA

A história se volta para a reação de Hamã.

> 9 Então, saiu Hamã, naquele dia, alegre e de bom ânimo; quando viu, porém, Mordecai à porta do rei e que não se levantara, nem se movera diante dele, então, se encheu de furor contra Mordecai.
>
> 10 Hamã, porém, se conteve e foi para casa; e mandou vir os seus amigos e a Zeres, sua mulher.
>
> 11 Contou-lhes Hamã a glória das suas riquezas e a multidão de seus filhos, e tudo em que o rei o tinha engrandecido, e como o tinha exaltado sobre os príncipes e servos do rei.
>
> 12 Disse mais Hamã: A própria rainha Ester a ninguém fez vir com o rei ao banquete que tinha preparado, senão a mim; e também para amanhã estou convidado por ela, juntamente com o rei.

13 Porém tudo isto não me satisfaz, enquanto vir o judeu Mordecai assentado à porta do rei.

14 Então, lhe disse Zeres, sua mulher, e todos os seus amigos: Faça-se uma forca de cinquenta côvados de altura, e, pela manhã, dize ao rei que nela enforquem Mordecai; então, entra alegre com o rei ao banquete. A sugestão foi bem aceita por Hamã, que mandou levantar a forca.

Voltamo-nos mais uma vez para Hamã, o agagita. Ele está feliz da vida. Como não estar? Ele é o convidado especial dos banquetes da magnífica rainha Ester. Ele é chamado para as festas mais exclusivas do reino da casa da Pérsia. Houve até um jantarzinho particular do rei e da rainha, e ele foi chamado para "segurar a vela"!

Hamã sai alegre e feliz, porém algo rouba sua felicidade. O quê? Ele vê Mordecai. Aquele único homem que, sendo judeu, se recusou a dobrar-se perante Hamã, o agagita. E essa pedra no sapato tira o ânimo, tira o vigor dele. Isso lhe é familiar? Essa sensação de que algo que você vê ou uma mera lembrança são capazes de roubar toda a alegria de um momento?

Idolatria e infelicidade andam juntas. Esse é um tema profundo e que vem sendo explorado em muitos livros.[7] Ídolos prometem fazer por nós o que só Deus pode fazer. E sempre nos frustrarão. Não te parece desproporcional o

---

7 Duas ótimas obras sobre a idolatria e o que ela faz conosco são *Deuses Falsos* (Ed. Vida Nova, 2018)) de Timothy Keller e *Você se torna aquilo que adora* (Ed. Vida Nova, 2014) de Greg Beale.

incômodo de Hamã com Mordecai? Você é o segundo homem mais importante do reino, mas você está preocupado com um "carinha" qualquer que insiste em não dobrar os joelhos? Claro que é desproporcional. E a idolatria faz isso. Distorce as coisas. Hamã adora a fama. Ele quer ser importante. Ele quer ser reconhecido como importante. Esse ídolo da fama, do respeito público, da notoriedade está matando-o. Tudo o que ele quer é ser grande e o tal Mordecai atrapalha tudo. Essa idolatria consome sua mente e dita suas ações. O que ele faz quando vai para casa? Ele manda chamar os amigos e sua esposa, Zeres, aliás, um charme de mulher.

Qual a sua solução? Chamar uma plateia para contar de novo seus grandes feitos, suas glórias. Ele falou das riquezas, da multidão de filhos, sabe-se lá de que mais. Será que a turma nunca tinha ouvido antes essas coisas? Ou era um discurso semanal? Hamã reconhece que nada disso o satisfará enquanto ele não vir Mordecai fora da história. Mas isso não é verdade. Isso é mais um autoengano idólatra. Ele não ficará satisfeito com alguma outra coisinha. Mesmo que ele seja bem-sucedido em arrancar Mordecai da terra dos viventes, ele logo vai estar incomodado com outra coisa. Porque descanso mesmo a gente só encontra naquele para quem nosso coração foi criado. Você já teve a experiência de ser consumido por sua idolatria? Acredito que sim. Todos nós já passamos por isso. No caso de Hamã, a idolatria é o poder. E esse é somente um dos possíveis ídolos a que servimos. David Foster Wallace sagazmente falou sobre como os ídolos nos maltratam, inclusive o poder:

"Se você venera dinheiro e coisas, se é aí que você encontra significado verdadeiro na vida, então você nunca terá o suficiente. É a verdade. Venere o seu corpo, beleza e atração sexual, e você sempre vai se sentir feio. E quando o tempo e a idade começarem a aparecer, você vai morrer um milhão de mortes antes de finalmente te enterrarem [...] Venere o poder, e você vai acabar se sentindo fraco e medroso, e você vai precisar de ainda mais poder sobre os outros para entorpecer o seu próprio medo. Venere seu intelecto, ser visto como esperto, e você vai acabar se sentindo estúpido, uma fraude, sempre à beira de ser descoberto."[8]

Podemos transformar qualquer das coisas criadas em falsos deuses. Até mesmo noções abstratas como a felicidade e a beleza podem ser ideais idólatras. Ian Duguid sugere sabiamente que nossas fortes emoções e reações exageradas nos ajudam a enxergar o que idolatramos.[9] Eis aí um bom teste para ver onde anda o seu coração: a medida de suas reações emocionais quando algo que não é Deus é ameaçado em sua vida serve para mostrar onde está o seu coração.

Veja que o evangelho traz a resposta. Quando paramos de buscar em coisas criadas aquilo que somente o criador

---

8 David Foster Wallace, *Isto é água*.
9 Duguid, *Esther & Ruth*, p.67.

pode oferecer, quando paramos de buscar valor na vida naquilo que temos ou somos, mas descansamos naquilo que Cristo é por nós e em nós, aí sim encontramos descanso para nossa alma.

A idolatria de Hamã precisava ser mortificada, mas ela é alimentada pela turma que só sabe reafirmar o que ele diz. Zeres e a turma de amigos sugerem o quê? Será que eles vão na linha de dizer: "Hamã, veja se é razoável a sua ira. Você é o segundo no reinado. Você tem uma multidão de filhos. Você tem riquezas de sonho! Você vai na reuniãozinha íntima real. Esquece esse Mordecai e veja a realidade". É isso que eles sugerem? Não. "Faça uma forca gigante e de um jeito de saciar sua sede de sangue!" Pra quê isso? Aliás, um bom conselho para evitar nossas idolatrias é nos cercarmos de gente que por amor a nós esteja disposta a desafiar nossas idolatrias, ao invés de alimentá-las.

Na casa da Pérsia, a idolatria mata. E nós, cristãos, vivendo na casa da Pérsia não estamos imunes à idolatria, não. Mordecai e Ester estão tendo de enfrentar as suas. E você?

IDOLATRIA PRECISA SER TRATADA

Deus está agindo, sim. Muitas vezes ele age de formas que não são imediatamente óbvias. Sua mão está agindo. Por meio de Ester, que corajosamente se arriscou. Por meio de Mordecai, que agora está simplesmente lá, cuidando da vida dele, e sua existência irrita um homem poderoso. Deus está inclusive usando a idolatria desse homem mau para alguma coisa, e ainda é cedo na história para saber exatamente o quê. Até mesmo os maus conselhos dos amigos de Hamã estão nos planos divinos.

E nós nisso tudo?

Como Hamã, talvez você esteja vivendo dominado por um ídolo. Talvez seu coração seja mais de algo do que do Senhor. Duguid sugere um bom teste que eu reproduzo aqui.[10] Honestamente complete a lacuna a seguir. "Sim eu sei que Deus me fez seu filho, e coerdeiro com Cristo de gloriosa herança, mas ainda assim isso não vale para mim enquanto eu não tiver _____." Preencha essa lacuna. Isso mostra se o seu coração está satisfeito em Deus e Cristo ou não. É verdade que o coração não estará sempre correto e dificilmente estará completamente no rumo. Mas o chamado hoje é para que você pare de considerar os incômodos a seus ídolos como ameaças à sua existência e felicidade. Para que você considere a vida com prudência na casa da Pérsia, considere que vivendo ou morrendo, sua vida está escondida em Cristo. E se com ele morrer, com ele viverá.

Ele adentrou com seu sangue à presença do Pai. Ele nos chama para ir junto com ele pela fé. Com isso em mente, dá para reorganizar o coração. Dá para aprender a prudência. Dá para entender melhor a longanimidade. Dá para exercitar a paciência. Dá para treinar até mesmo a alegria, aqui na casa melancólica da Pérsia em que se vive tentado pelos ídolos.

---

10 Duguid, *Esther & Ruth*, p. 71.

ESTER 6
HONRA E VERGONHA NA CASA DA PÉRSIA

"Não há liberdade como a liberdade de ser constantemente subestimado.", *The lies of Locke Lamora* – Scott Lynch.

"Se hoje você não estranha a crueza
dos lagos sem peixe, da rua vazia
Te olho sem jeito, me abraça meu filho
Não sei se eu tentei tanto quanto eu podia",
Ao nosso filho, morena – Oswaldo Montenegro

"Entre outras coisas, você vai descobrir que não é a primeira pessoa a ficar confusa e assustada, e até enojada, pelo comportamento humano. Você não está de maneira nenhuma sozinho nesse terreno, e se sentirá estimulado e entusiasmado quando souber disso. Muitos homens, muitos mesmo, enfrentaram os mesmos problemas morais e espirituais que você está enfrentando agora. Felizmente, alguns deles guardaram um registro de seus problemas. Você aprenderá com eles, se quiser. Da mesma forma que, algum dia, se você tiver alguma coisa a oferecer, alguém irá aprender alguma coisa de você. É um belo arranjo recíproco. E não é instrução. É história. É poesia.", *O apanhador no campo de centeio* – J.D. Salinger

A quem honra, honra. A ideia de honrar alguém digno é muito importante e aparece, de alguma forma, em todas as culturas do mundo. Todos sabemos que há razões, situações, formas e caminhos de honrar pessoas pelo que são, pelo que fizeram ou pelo que atingiram.

Pense por exemplo no cotidiano de trabalho. Quantas são as maneiras que uma pessoa pode ser honrada? Honradas com reconhecimento público por parte do chefe; honradas por meio de receber algum novo cargo ou novas responsabilidades que mostram a confiança dos líderes; por meio de um aumento salarial, que é uma demonstração palpável de apreço pelo seu serviço, etc.

Nas escolas, os alunos podem ser honrados de formas diversas. Por meio de menções públicas diante da turma; por meio de listas específicas, incluindo os alunos de destaque; talvez por ganhar acesso a programas e eventos reservados aos melhores.

Na família há formas específicas e peculiares de honrar feitos. Memoriais, celebrações, premiações etc. São muitas as maneiras que famílias celebram ou não os feitos de seus membros.

Na sociedade são inúmeras as formas de premiação para as mais variadas categorias. O famoso prêmio Oscar, a mais alta honraria da indústria cinematográfica. São honrados o melhor editor, melhor diretor, melhores atuações, melhor cinematógrafo e assim por diante.[1]

São inúmeras as situações em que honra é algo que importa para nós, raça humana. Situações esportivas, sociais, familiares, políticas.

No capítulo que estamos investigando vemos um Deus que atua. Um Deus que está controlando a história. E o texto nos traz fortemente a ideia de honra. A honra que os homens buscam, e a honra que Deus confere. Hoje no meio da história de Ester e tantos outros vivendo na casa da Pérsia, veremos que Deus está no controle da história e honra os que ele deseja honrar.

UMA INSÔNIA PROVIDENCIAL

Vejamos como segue a história da casa da Pérsia:

---

1 É claro, o fato de alguém ganhar o prêmio não significa que ele foi inequivocamente o melhor. Sempre há controvérsias. Em alguns anos um filme inferior acaba vencendo. Por exemplo, *Beleza Americana* não é de forma alguma melhor do que *À Espera de um Milagre*. *O Discurso do rei* é inferior a pelo menos três filmes com que concorreu. Isso sem falar nas injustiças nos prêmios de direção, cinematografia (Roger Deakins!) e atuação. Desculpem, me empolguei.

126 | ESTER NA CASA DA PÉRSIA

1 Naquela noite, o rei não pôde dormir; então, mandou trazer o Livro dos Feitos Memoráveis, e nele se leu diante do rei.

2 Achou-se escrito que Mordecai é quem havia denunciado a Bigtã e a Teres, os dois eunucos do rei, guardas da porta, que tinham procurado matar o rei Assuero.

3 Então, disse o rei: Que honras e distinções se deram a Mordecai por isso? Nada lhe foi conferido, responderam os servos do rei que o serviam.

4 Perguntou o rei: Quem está no pátio? Ora, Hamã tinha entrado no pátio exterior da casa do rei, para dizer ao rei que se enforcasse a Mordecai na forca que ele, Hamã, lhe tinha preparado.

5 Os servos do rei lhe disseram: Hamã está no pátio. Disse o rei que entrasse.

Temos explorado a vida na casa da Pérsia. Nos últimos capítulos, temos visto o desenrolar da tentativa por parte de Mordecai, e principalmente de Ester, de salvar o povo judeu do genocídio. Vimos o plano de Ester para tentar atrair o favor do rei por meio de um banquete. Vimos Ester dizendo para o rei que se ele voltasse no dia seguinte, ela contaria qual era o seu desejo.

Hamã por sua vez saiu feliz e saltitante do jantar, mas no caminho viu seu velho desafeto Mordecai. O único homem que se recusara a dobrar-se perante ele. E Hamã na sua idolatria não conseguia ter felicidade, mesmo tendo glórias, fama, riqueza, filhos, e tudo o mais que o seu coração almejava. Pois faltava uma coisinha que incomodava seu ídolo tremendamente. Por sugestão da esposa e amigos, Hamã construiu uma baita forca para acabar com seu problema de uma vez por todas. Basta agora esperar a manhã e ir ao palácio para falar com o rei. O rei já topou coisa muito mais grave, não há de recusar esse favorzinho, certo?

Ao mesmo tempo algo está acontecendo no palácio real. Uma simples insônia. Lá se foi Assuero para seus aposentos depois do jantar com Ester. Você já teve insônia? Acontece por vários motivos. Café depois das 17 horas, por exemplo.[2] Se você vai chegando em certa idade, acaba sua capacidade de dormir, se seu corpo estiver cafeinado. Problemas tiram o sono; aquelas situações que lançam sombras no coração. Calor, frio. Não sabemos o que estava ali incomodando, mas o fato é que Assuero não consegue dormir. E ele pede que leiam para ele.

Que livro é esse? Um registro que conteria algumas crônicas importantes da história do reino persa. Registros de tesouros, dados financeiros, as crônicas de eventos recentes.[3] Vai que funciona! Algo na leitura chama a sua atenção. Ele é lembrado de que quase foi vítima fatal de uma conspiração. Foi quando Bigtã e Teres tramaram para matar o rei, alguns anos antes. Só não deu certo pois foram denunciados por Mordecai, que fez chegar em Ester a notícia e

---

2 Sim, estou ficando velho. Isso não costumava ser um problema até mais ou menos 2015.

3 Veja, comigo dificilmente funciona a leitura para pegar no sono. O que é infalível é colocar algum seriado que estou querendo muito ver. Basta começar e mesmo gostando, eu apago rapidamente. É triste.

ela, por sua vez, fez chegar ao rei em nome de Mordecai. Os conspiradores foram executados.

O rei quer saber o que foi feito para honrar o homem que o salvou. Afinal, alguém que presta um serviço tão importante deve ter sido muito honrado pelo reino, não? O que se fez por ele? Nada. Nada? Os reis persas eram famosos por sua generosidade para quem os ajudava. Que vergonha! Como esperar que outros se esforcem para salvá-lo da próxima vez?[4] Sabemos bem que nem sempre as pessoas são movidas pelo mero senso de dever. Assuero percebe que precisa remediar essa situação. Algum dos meus assessores está por perto para me ajudar a pensar numa saída?

O texto nos diz que Hamã tinha entrado no pátio bem nesse momento. E o que ele fazia lá? Ele ia pedir ao rei que permitisse colocar Mordecai na forca que ele tinha feito. As coisas estão acontecendo. Veja o *timing*, o planejamento perfeito de Deus: a noite sem sono de Assuero, deixando-o ansioso por fazer o bem, e a chegada logo cedo de Hamã ao palácio agoniado para fazer o mal. O que vai sair disso? Antes de seguir na história, vale a pena considerarmos melhor esse tipo de situação.

A vida está acontecendo e a verdade é que sabemos muito pouco. Na história de Ester vemos coisas sutis se passando. Situações que não são em si incomuns, mas que curiosamente estão ocorrendo no momento certo. A vida é assim. Estamos agindo naquilo que nos cabe, mas sempre tem coisas acontecendo que a gente não tem a menor ideia, mas estão. Depois você olha para trás e, às vezes, entende. Talvez, enquanto você

---

4 Duguid, *Esther & Ruth*, p.76.

estava de férias, uma situação estava se desenhando; ou você estava calmamente em sua rotina de trabalho sem se dar conta que do outro lado da cidade algo se passava que iria mudar tudo. Às vezes, a gente acha que vai sentir se algo acontecer com uma pessoa que a gente ama, uma espécie de distúrbio na força ou algo assim. Mas é surpreendente que não. Coisas acontecem e a gente não sente nada estranho. Passa a tarde no escritório, preenche relatório, pega café, desce para um pão de queijo e assim por diante. E quando se abre o celular, algo aconteceu.

Não sabemos o quanto Mordecai estava inteirado do plano de Ester. Eles não têm muita oportunidade de conversar. Talvez não saiba nada. Está seguindo a sua vida, esperando, vendo o que Deus irá fazer. E sua mera existência é um incômodo para Hamã a tal ponto que Hamã começa com seus planos homicidas.

Mordecai não tem ideia, mas sua vida está em risco muito antes do que imagina. Ele sabe que há um dia, dali a alguns meses, em que os judeus serão exterminados como baratas na dedetização; mas o que ele não sabe é que naquela noite foi construída uma enorme forca para ele. Nem Mordecai nem Ester sabiam disso. Os dois estão sem a menor noção do perigo iminente. Ester está com seu plano para salvar o povo de Deus, mas está completamente fora das mãos dela agir aqui. Ela nem sabe que Mordecai está caminhando para o que parece ser seu último dia. Imagine a dor de Ester se esse plano der certo?

O livro de Ester nos dá excelente oportunidade para ver na prática a questão da soberania de Deus e da responsabilidade humana.[5] Ester e Mordecai estão responsavelmente fazendo o que lhes cabe. Mas, tem coisas acontecendo que eles nem imaginam. Não é esta uma história que nos ajuda contra a ansiedade?[6] Aos seus, diz o Salmo 127, o Senhor lhes dá enquanto dormem. Esse salmo nos ensina que todo o nosso esforço será em vão, se não for o Senhor nos dando enquanto dormimos. Enquanto Assuero não dorme, o Senhor está cuidando de seu Mordecai, que assim como Ester, dorme.

Perceba como o bem feito por Mordecai, anos antes disso tudo, está trazendo resultado para a sua vida hoje. Não fazemos o bem pela recompensa, mas a gente nunca sabe quando uma ajuda feita a alguém pode vir a nos trazer benesses, às vezes até mesmo anos depois. Talvez Mordecai naquela época tenha se sentido bastante desmotivado e esquecido por sua boa ação não ter resultado em nenhum benefício para si. Não desanimemos em fazer o bem, irmãos. Ele pode dar fruto muito tempo depois, mesmo que não sejamos nós a colher. Há um Deus agindo nos detalhes das coisas. E esse Deus age no que diz respeito a honra.

A IDOLATRIA TRAZ VERGONHA, DEUS TRAZ HONRA

A história avança. No que isso vai dar?

---

5 Em meu livro *Redenção nos campos do Senhor: as boas novas em Rute* (Ed. Monergismo, 2017), discuto como naquela história vemos bastante dessa questão da soberania junto com a responsabilidade humana.

6 Strain, *Ruth & Esther*, p. 131.

6 Entrou Hamã. O rei lhe disse: Que se fará ao homem a quem o rei deseja honrar? Então, Hamã disse consigo mesmo: De quem se agradaria o rei mais do que de mim para honrá-lo?

7 E respondeu ao rei: Quanto ao homem a quem agrada ao rei honrá-lo,

8 tragam-se as vestes reais, que o rei costuma usar, e o cavalo em que o rei costuma andar montado, e tenha na cabeça a coroa real;

9 entreguem-se as vestes e o cavalo às mãos dos mais nobres príncipes do rei, e vistam delas aquele a quem o rei deseja honrar; levem-no a cavalo pela praça da cidade e diante dele apregoem: Assim se faz ao homem a quem o rei deseja honrar.

10 Então, disse o rei a Hamã: Apressa-te, toma as vestes e o cavalo, como disseste, e faze assim para com o judeu Mordecai, que está assentado à porta do rei; e não omitas coisa nenhuma de tudo quanto disseste.

11 Hamã tomou as vestes e o cavalo, vestiu a Mordecai, e o levou a cavalo pela praça da cidade, e apregoou diante dele: Assim se faz ao homem a quem o rei deseja honrar.

12 Depois disto, Mordecai voltou para a porta do rei; porém Hamã se retirou correndo para casa, angustiado e de cabeça coberta.

13 Contou Hamã a Zeres, sua mulher, e a todos os seus amigos tudo quanto lhe tinha sucedido. Então, os seus sábios e Zeres, sua mulher, lhe disseram: Se Mordecai, perante o qual já começaste a cair, é da descendência dos

judeus, não prevalecerás contra ele; antes, certamente, cairás diante dele.

14 Falavam estes ainda com ele quando chegaram os eunucos do rei e apressadamente levaram Hamã ao banquete que Ester preparara.

Veja como o tema da honra vai aparecer nessa história. Qual é o problema de Hamã? Ele vive por honra, por reconhecimento, por fama. Tudo o que ele faz vai nessa direção. Ele entra na presença do rei em momento oportuno. O rei pergunta para ele, seu vizir: "Hamã, que se fará ao homem que o rei deseja honrar?"

Assuero deixou uma informação crucial de fora da pergunta (a pessoa a ser honrada), assim como Hamã deixara uma informação crucial de fora de sua proposta ao não dizer qual seria o povo a ser exterminado.[7] E Hamã, na sua arrogância, assume que só pode ser ele. Nós nos enganamos o tempo todo. A gente pega fiapos de informação e constrói com eles teorias e certezas do que achamos que vai acontecer. Construímos castelos de cartas para nós mesmos e ficamos surpresos quando eles desmoronam. O que Hamã pensa? Provavelmente algo assim: "Ora, não há ninguém que o rei queira honrar mais do que eu! Eu sou o segundo no império e tenho me saído tão bem". Ele tem certeza de que é ele. Só pode ser ele o homem a quem o rei deseja honrar. Veja a idolatria em ação. Sua obsessão acaba criando uma visão distorcida acerca de si mesmo, bem como

---

7 Duguid, *Esther & Ruth*, p. 76.

dos outros, da vida e da realidade. Fomos criados por Deus para adorá-lo e para ver o mundo com seus olhos. E quando adoramos ídolos, a nossa própria forma de enxergar a realidade é distorcida. Não vemos corretamente.

Paulo, em Romanos 12.3, alerta: "...não pense de si mesmo além do que convém; antes, pense com moderação, segundo a medida da fé que Deus repartiu a cada um". Quando somos centrados em nós mesmos, tendemos a perder a noção da realidade e da proporção dos eventos. Deixamos de ver de fato as pessoas ao nosso redor; apenas as vemos em comparação a nós.

Hamã diz logo o que deve ser feito ao homem a ser honrado pelo rei. Ian Duguid comenta que em outros momentos quando alguém fala com o rei, sempre é com deferência, frases como "se parecer bem ao rei" e coisas assim.[8] Aqui não. Hamã tem certeza de que a honra é dele. E ele logo imagina a forma que ele gostaria de ser honrado! Para começar, são as vestes que o próprio rei costuma usar! E o cavalo. Não qualquer cavalo, mas o cavalo que o rei costuma usar. E na cabeça a coroa do rei! E pegue alguém, talvez um nobre príncipe, alguém bem elevado no reino para ir com o cavalo pela praça da cidade, dizendo: "Assim se faz ao homem a quem o rei deseja honrar".

Esse é o sonho de Hamã. Percebe que é um tanto patético? Ele acha isso sensacional. Tudo o que ele quer é ser reverenciado e celebrado. Deus estava planejando diferente de Hamã. Deus havia feito Assuero perder a noite de sono.

---

8 Duguid, *Esther & Ruth*, p. 77.

Deus havia feito com que fosse lida para ele a história de Mordecai e a conspiração dos eunucos. Deus sabe o que está fazendo. Quem não sabe é Hamã.

Imagino que já tenha acontecido com você de alguém lhe falar uma coisa que inverte totalmente o que você achava que ia acontecer. Assim é com Hamã, que toma o que é, ao menos até o momento, o susto de sua vida. "Gostei da ideia Hamã. Vai lá e faça isso por Mordecai, o judeu. Ele está assentado à porta do rei. E não vai esquecer de nenhum detalhe, hein?"[9]

Que virada de jogo, meus amigos. Mordecai, que até então não tinha recebido nada de honraria pela sua boa ação, agora verá seu arquirrival tendo de honrá-lo.[10] Hamã é um tolo, mas até um tolo sabe que não seria boa ideia desobedecer a ordem direta do rei. E ele faz conforme o ordenado. Pega as vestes, o cavalo e tudo o mais, bota o judeu no cavalo e vai apregoando honrarias a Mordecai em nome do grande rei Assuero, da Medo-Pérsia.

No final das contas, Deus é quem diz quem vai ser honrado ou não. Toda a nossa astúcia, os nossos planos, os nossos subterfúgios podem ser facilmente reduzidos ao pó por sua mão soberana. A idolatria de Hamã levou-o a essa posição embaraçosa.

Todos nós conhecemos vergonha e desonra. A gente sabe, em algum nível, o que ele está passando. Não é um lugar agradável de estar. Mas entendamos, o que o levou

---

9 Fiz uma paráfrase aqui, que fique bem claro.

10 As pessoas têm mesmo isso de arquiinimigo?

até aquele lugar de vergonha? Era necessário que fosse assim? É apenas por causa de sua idolatria que ele se vê nesse lugar deprimente. Precisamos entender algo assim acerca de nós também. Passamos por dores injustas na vida? Sim, passamos. Sofremos, porém, dores que poderiam ter sido facilmente evitadas, se não fosse a nossa tolice idólatra. Se não fosse a insistência em agir fora do caminho que Deus nos propõe.

Hamã vai para casa envergonhado, cobre a cabeça e se vai numa espécie de luto. Veja como as coisas estão mudando, afinal era Mordecai que estava de luto pouco antes disso. Agora o luto pertence a Hamã, arqui-inimigo de Mordecai.

Foi um dia ruim no escritório. Maridos muitas vezes chegam em casa exaustos do dia de trabalho e por vezes encontram uma esposa amorosa e apoiadora, já outros encontram alguém como a Zeres. Hamã conta para ela o que se passou. Zeres, com seu charme habitual, já diz: "Isso vai ser sua ruína. Se Mordecai, diante de quem você já começou a cair for judeu, não vai ter jeito não, você vai cair diante dele". Um amorzinho ela, tão querida. Como Zeres sabe disso? Veja, na língua hebraica, o texto diz que ele é da semente ou descendência dos judeus. Esse é um tema bíblico muito importante. Esse seria mesmo o jeito usual de dizer que ele é judeu, mas mostra algo que às vezes a gente esquece. Há um plano divino de trazer a semente da mulher (Gn 3.15). O plano de Hamã, por outro lado, poderia impedir o plano divino de trazer salvação através de um descendente de Judá. Mas o plano de Deus não vai falhar.

136 | ESTER NA CASA DA PÉRSIA

Deus vinha preservando a descendência do povo judeu conforme as suas promessas; mesmo com guerras, mesmo com a rebeldia do povo, mesmo com o exílio. E agora, Zeres está dizendo para Hamã que, se Mordecai é um desses da semente judaica, ele não vai ganhar, não. Talvez seja o velho pessimismo, ou talvez ela saiba das histórias de como o Deus dos judeus sempre cuidou de seu povo em seus confrontos contra os amalequitas e com muitos outros povos. Zeres está certa em pensar assim. Se ela está fazendo uma avaliação histórica, ela está certa nas conclusões gerais a que chega. Talvez ela esteja simplesmente falando mais do que sabe. De qualquer forma, o histórico de cuidado de Yahweh para com seu povo é perfeito. Será que vai ser o caso aqui também?

Mordecai é completamente passivo nesses eventos, mas Deus nunca é passivo. Voltamos ao ponto anterior, Mordecai nem sabe que isso tudo se passava. Ele estava no portão do rei como sempre, por certo imaginando como ia o plano de Ester, quando acontece essa situação inusitada. E acaba o dia de honra e ele volta para porta do rei. Honrado, sim. Mas não parece que a vida dele foi enormemente transformada por ter usado a roupa e o cavalo do rei. Isso não é muito importante. Parece que o nosso Mordecai anda aprendendo as velhas lições bíblicas sobre honra e humildade. Duguid lembra bem, como Mordecai disse, o auxílio está vindo de algum lugar.[11]

Centenas de anos antes disso, quando Deus chamou Abraão para que ele fosse uma bênção, Deus lhe disse

11 Duguid, *Esther & Ruth*, p. 80.

muitas coisas impressionantes. Uma delas é que Deus abençoa quem é a favor do povo de Deus e vai contra os que não são.[12] E Hamã está percebendo isso. Deus por vezes pune, sim, seu povo; mas Deus é por ele. Ser um inimigo do povo de Deus não é uma boa ideia, pois você se torna inimigo do Deus desse povo.

Aliás, vale lembrar que nós, gentios, também estaríamos ainda sob maldição da inimizade contra Deus, e foi apenas pela ação divina que nos tornamos parte de seu povo. Mesmo que você seja um inimigo do povo de Deus, como Hamã, você não precisa seguir assim. Paulo e muitos outros antigos perseguidores de Cristo hoje são contados entre o seus redimidos.

A ação divina nos lembra algo sobre Cristo. Lembra-se de que certa vez Jesus, poucos dias antes de ser crucificado, entrou em uma outra capital, montado num animal e as pessoas o honravam com clamores de Hosana? Isso foi pouco antes de sua paixão. Um dia todos nós iremos honrar a Cristo, os que o amam e os que o odeiam. Os que o farão de bom grado e os que o farão como Hamã fez com Mordecai.

A MARÉ ESTÁ VIRANDO

E assim deixamos Hamã. Parece que as coisas estão virando, não? Ele vai para casa envergonhado e escuta sua esposa e amigos dizerem que ele provavelmente não irá se sair muito bem nesse plano dele contra alguém do povo de Yahweh. E eles ainda estão falando, quando chegam os eunucos

---

12 Gênesis 12.3 Ver boa discussão em Duguid, *Esther & Ruth*, p. 81.

do rei para levarem-no para o segundo banquete de Ester. Lembra? Ester disse para Assuero que, se ele voltasse com Hamã em um segundo banquete, ela revelaria o que deseja. E lá vai Hamã. O que será que o espera depois de um dia tão ruim? Provavelmente só um banquete. Ou será que Deus ainda tem mais surpresas guardadas?

Mas não pense muito em Hamã agora, não. Pois você também um dia vai ser chamado diante do rei, de forma apressada e com menos tempo de preparação do que você gostaria de ter.

E quando você comparecer vai ser para honra ou para desonra eterna? Vai ser em Cristo, com acesso ao banquete? Ou contra Cristo, para o julgamento eterno?

Veja como Deus age. Mordecai nem sabia, mas Deus estava lhe dando enquanto ele dormia e Assuero não dormia.[13] A expressão máxima do cuidado de Deus sobre nós, em situações nas quais nos sequer sabíamos estar em perigo, é claro, é a morte de Cristo. Paulo lida com isso em Romanos 5, Deus agiu enquanto nós ainda éramos pecadores, enquanto inimigos de Deus. A salvação não nos foi dada porque passamos noites em claro ansiosos e clamando a Deus por uma solução para o pecado. A salvação não veio por nossa astúcia ou esforço. Ainda éramos inimigos de Deus quando seu filho morreu por nós. Um Deus bom que se inclinou generosamente em direção a gente que o odiou e que se rebelou com todas as suas forças. A ele toda a honra.

---

13 Lembra do Salmo 127?

ESTER 7
VIDA E MORTE NA CASA DA PÉRSIA

"Oh, my life
Is changing every day
In every possible way
And oh, my dreams,
It's never quite as it seems
Never quite as it seems", *Dreams* – Cranberries.

"Por que você às vezes, se faz de ruim?
Tenta me convencer, que não mereço viver,
Que não presto enfim.", *Agridoce* – Pato Fu.

"Essa agonia não vai acabar nunca?", C3PO.

ESTER NA CASA DA PÉRSIA

Quem somos? Como nos identificamos? Como você quer ser chamado?[1] Vivemos em tempos em que somos cada vez mais preocupados em não sermos rotulados, e queremos ditar a todos como devemos ser vistos e reconhecidos.

Nossa cultura não quer que sejam impostos nomes acerca de sua sexualidade, por exemplo. Talvez seja o exemplo mais gritante. Querem liberdade para definir quem são e como são. Sem a moralidade judaico-cristã ou a formação anatômica pré-definindo quem somos ou como deveríamos ser. Ao mesmo tempo, há o anseio para que as escolhas de identidade sejam publicamente honradas. Há a narrativa de "eu sou o que quero ser e nada nem ninguém importa e eu faço o que quiser", mas junto com isso vem o senso de que "eu quero que minhas escolhas sejam publicamente validadas, que haja leis que punam quem falar contra elas, e que essas coisas sejam ensinadas a todos desde cedo nas escolas".

Vivemos sem entender direito o que é nos identificarmos em nós mesmos e como parte de um grupo. E isso não é um problema moderno. É, de certa forma, algo que vem desde o início, na nossa luta por entendermos nosso lugar como indivíduos e nosso espaço como parte de algo maior que nós mesmos. Há riscos em se aliar a um grupo. Há complicações em se mostrar parte de uma turma. Há riscos para nossa própria individualidade. Mas, no final das contas, é apenas quando nos dispomos a perder algo

---

[1] Não me refiro aqui a apelidos, embora muitos de nós soframos com alcunhas que pensamos nos reduzir ou humilhar.

da nossa liberdade individual que nos encontramos com a liberdade do pertencimento a algo maior do que nós. Esse tema de identificação aparecerá aqui na história que estamos estudando na casa da Pérsia. Neste mundo precisamos de alguém que se identifique conosco e consiga pagar por nossas faltas, a fim de podermos nos unir a ele e aos dele.

O VALOR DE ALGUÉM
QUE SE IDENTIFIQUE CONOSCO

A história avança com Hamã indo para o segundo banquete de Ester.

> 1 Veio, pois, o rei com Hamã, para beber com a rainha Ester.
> 2 No segundo dia, durante o banquete do vinho, disse o rei a Ester: Qual é a tua petição, rainha Ester? E se te dará. Que desejas? Cumprir-se-á ainda que seja metade do reino.

Temos acompanhado essa saga que se passa na casa da Pérsia. Há um rei chamado Assuero, poderoso, embora um tanto desligado das coisas que realmente se passam. Há uma rainha de origem judia, Ester, secretamente judia. Há um homem mau chamado Hamã, que busca formas de destruir Mordecai bem como o seu povo, os judeus. No plano de Deus, Hamã que apareceu perante o rei querendo matar Mordecai, acabou tendo de anunciar honra a Mordecai pela cidade toda, com ele passeando no cavalo real, com as roupas reais. Hamã foi embora muito triste para casa e estava conversando com sua esposa, quando os eunucos do rei

142 | ESTER NA CASA DA PÉRSIA

chegaram para levá-lo para o segundo banquete. Ele estava todo feliz para ir ao primeiro, será que vai ser assim nesse segundo banquete também?

Voltamo-nos então para essa cena. É um banquete, mas não é um evento livre, leve e solto. Há tensões. Lá está o rei bebendo; ele gosta de banquete, a gente sabe disso, mas já tem um bom tempo que ele está é curioso para saber o que a rainha deseja. Lá está Hamã que, depois de um dia terrível de humilhação provavelmente só queria descansar, está fazendo cerimônia e lidando com o protocolo todo de um banquete real. E lá está Ester, a organizadora do banquete. Organizar festas é sempre estressante, alguns gostam, outros odeiam.[2] Mas esse não é um simples banquete, mas uma ocasião para tentar sua única cartada para lidar com uma ameaça a si mesma e a todo o seu povo. A atmosfera devia estar carregadíssima!

É o marido dela; ele por certo vai ouvir o que ela tem a pedir, não? Será? Lembra de Vasti que foi retirada do trono por desagradar o rei? O historiador grego Heródoto descreveu a resposta de Assuero a um pedido de um homem para que liberasse seu filho mais velho do serviço militar. Esse homem antes havia apoiado e contribuído generosamente para a causa militar de Assuero na Grécia. A resposta real, entretanto, foi cortar o filho em dois pedaços e fazer o exército marchar através deles.[3] Ou seja, cuidado com o

2 Eu odeio.
3 Duguid, *Esther & Ruth*, p. 86.

que você pede pra Assuero, mesmo que você seja um aliado e um apoiador. Sigamos no texto:

> 3 Então, respondeu a rainha Ester e disse: Se perante ti, ó rei, achei favor, e se bem parecer ao rei, dê-se-me por minha petição a minha vida, e, pelo meu desejo, a vida do meu povo.
>
> 4 Porque fomos vendidos, eu e o meu povo, para nos destruírem, matarem e aniquilarem de vez; se ainda como servos e como servas nos tivessem vendido, calar-me-ia, porque o inimigo não merece que eu moleste o rei.
>
> 5 Então, falou o rei Assuero e disse à rainha Ester: Quem é esse e onde está esse cujo coração o instigou a fazer assim?
>
> 6 Respondeu Ester: O adversário e inimigo é este mau Hamã. Então, Hamã se perturbou perante o rei e a rainha.

"Qual é tua petição, rainha Ester?" O rei está insistindo. "Diga o que você deseja, se te dará. O que você precisa? Metade do reino? Que seja". Pela terceira vez, o rei promete publicamente fazer coisas extravagantes por ela. E pronto, finalmente ela diz. Humildemente, sabiamente. Ela pede pela sua vida e a de seu povo.

Deve ter sido uma baita surpresa para o rei. Sua vida? Em risco? Seu povo? Como assim? Ela segue dizendo que ela e seu povo foram vendidos, "para nos destruírem, nos matarem, nos aniquilarem". E ela ainda diz, humildemente, que se meramente tivessem sido vendidos como escravos ela não iria incomodar o rei; mas estavam para ser aniquilados.

144 | ESTER NA CASA DA PÉRSIA

Eu não iria te molestar por pouca coisa.[4] Ian Duguid lembra que genocídio não era algo que importava muito para Assuero, ele não seria motivado por afeições humanistas; mas o amor por ela talvez importasse. Talvez. Ele tinha autorizado a morte de um povo todo sem nem piscar; mas quem sabe seu amor por Ester o faça pensar.

Perceba como ela age, mais uma vez com um discurso sábio e calculado. Não há nada errado em ser astuto dessa forma.[5] Ela primeiro quer que o rei fique bravo com o que foi feito, que ele tenha uma reação acerca da segurança dela: "estão ameaçando a rainha!", antes de contar de onde está vindo a ameaça. Ela sabe que Hamã é importante para o rei, afinal ele o elegeu seu principal conselheiro e o segundo em importância no reino. É uma boa ideia primeiro indignar o rei com o fato para só depois dizer quem é o malfeitor. E o rei exige saber quem é o tal bandido.

Será que Hamã já estava suando frio com a possibilidade? Será que ele já viu para onde isso estava indo ou estava lá todo ingênuo louco para o jantar acabar? Parecia que Hamã já tinha passado pelo susto de sua vida com a história de ter de honrar Mordecai. Agora algo muito pior está vindo.

Diz Ester: "O adversário e inimigo é este mau Hamã". Imagine a cara de Hamã. Compreendendo com terror o que se passa. A rainha é judia? A rainha é judia! A escolhida

---

4 Claro, serem vendidos como escravos não seria exatamente pouca coisa.

5 A serpente, é claro, apresenta no jardim um tipo de astúcia, mas projetada para o mal, não para o bem.

de Assuero! O único homem mais poderoso que eu, e ela é judia. Ela é do povo de Mordecai. E Hamã fica, adequadamente, apavorado.

Antes de seguir na história, precisamos ver melhor um ponto teológico muito importante aqui que ecoa ao longo das escrituras: o da identificação.[6]

Com essa revelação, Ester colocou publicamente seu nome na lista de morte.[7] Ester vinha se escondendo em sua identidade judaica. Sim, ela foi orientada dessa forma por Mordecai, quando sequestrada junto ao resto da turma para irem morar no palácio. Mas ela podia ter mudado isso. Ela é a rainha, afinal de contas. Ela é mulher adulta e poderosa. Ela poderia ter assumido sua filiação étnica e religiosa; é a Pérsia, é um reino onde tem gente de tudo que é lado. Ela deixou mesmo isso. Ian Duguid lembra bem que seria impossível manter esse segredo, se ela estivesse levando a sério as estipulações da lei de Deus.[8] As leis sobre alimentos, as leis sobre festivais e dias especiais, as leis sobre vários aspectos do judaísmo que indicariam que ela era judia. Ela não está recebendo nenhum tipo de instrução religiosa do livro sagrado. É verdade, pode ser que ela observasse algumas coisas em secreto no seu quarto real, mas o mais provável é que ela não tenha apenas camuflado sua identidade, mas

---

6 David Strain no seu comentário explica muito bem. Ver *Ruth & Esther*, p.138 em diante.

7 Duguid, *Esther & Ruth*, p. 87.

8 Duguid, *Esther & Ruth*, p. 86. Ele diz: "Ela certamente não teria como observar as leis de limpezas rituais, ou comida kosher, ou épocas especiais e temporadas e ações de graças e jejum. Ela sequer poderia orar a Deus publicamente".

ESTER NA CASA DA PÉRSIA

a tenha de fato abandonado. Ela é parte do povo de Deus, mas vem sendo algo apenas nominal.

Agora isso mudou, para sempre. Agora há identificação. Ela está com os judeus agora, para o que der e vier.[9] Ela entende que a única chance de Assuero ser de alguma forma movido a salvar esse povo é, se ela, sua rainha, se identificar como parte deles e atrelar o destino dela ao deles; que o rei entenda que por amor a ela eles devem ser salvos. Ester e essa ação dela mostram algo maravilhoso que encontramos no evangelho. O princípio da identificação. Claro, no evangelho é algo ainda mais belo. Como explica David Strain:

> "Há um eco aqui claro e forte do evangelho de Jesus Cristo, não é? Mas a verdade é que o evangelho é muito mais doce. Ester assegura apenas um livramento temporal da tirania injusta de um monarca terreno. Jesus assegura salvação eterna do justo e santo julgamento do Deus todo-poderoso. Ester está com o seu povo e intercede em favor deles. Jesus está com o seu povo e morre em seu lugar. Ester deve persuadir o rei a poupar os judeus. Mas em Jesus, o Deus cuja lei nos condena, leva sobre si a penalidade e assegura nosso perdão."[10]

Ela não tem como lutar pela segurança de seu povo sem arriscar o seu pescoço junto. E ela faz isso. Mas ainda mais belo é o mesmo princípio visto na ação de Cristo em nosso favor. Deus o Filho encarna, se fazendo um de nós.

---

9 Strain, *Ruth & Esther*, p.141.
10 Strain, *Ruth & Esther*, p. 142.

Colocando-se nessa condição de grande humilhação, ele vem para se identificar com o povo que ele queria resgatar. E ele faz tudo em nosso favor. Ele, como mediador final do pacto da graça, atinge como nosso representante tudo o que precisamos fazer. Ele vive como um de nós, mas sem nenhuma de nossas faltas e ele morre em nosso favor.[11]

Você se identifica com esse Cristo? Como parte de seu povo? Ele veio para se identificar com um povo para chamar de seu, mesmo com o alto custo envolvido. Batismo e profissão de fé são parte disso, mas vai além. Diz respeito à vida como um todo, mesmo naquelas áreas em que sermos publicamente cristãos nos trará desvantagens e problemas.

DEUS AGE EM FAVOR DE SEU POVO POR MEIO DE PROVER EXPIAÇÃO

Continuemos a história.

7 O rei, no seu furor, se levantou do banquete do vinho e passou para o jardim do palácio; Hamã, porém, ficou para rogar por sua vida à rainha Ester, pois viu que o mal contra ele já estava determinado pelo rei.

8 Tornando o rei do jardim do palácio à casa do banquete do vinho, Hamã tinha caído sobre o divã em que se achava Ester. Então, disse o rei: Acaso, teria ele querido forçar a rainha perante mim, na minha casa? Tendo o rei dito estas palavras, cobriram o rosto de Hamã.

---

11 Na teologia costumamos nos referir a essa ação dupla como a obediência ativa de Cristo (o seu cumprimento da lei) e a obediência passiva de Cristo (a sua morte vicária).

> 9 Então, disse Harbona, um dos eunucos que serviam o rei: Eis que existe junto à casa de Hamã a forca de cinquenta côvados de altura que ele preparou para Mordecai, que falara em defesa do rei. Então, disse o rei: Enforcai-o nela.
>
> 10 Enforcaram, pois, Hamã na forca que ele tinha preparado para Mordecai. Então, o furor do rei se aplacou.

Veja a confusão armada. Hamã está profundamente perturbado pelo que acaba de ser exposto. Ester está com o coração ansioso sem saber o que vai acontecer. O rei, por sua vez, está numa situação complexa. Gosto como David Strain explica o dilema.[12] Por um lado o rei publicamente jurou dar pra Ester o que ela pedisse, até metade do reino, e agora ela está pedindo algo que é mais simples do que metade do reino. Ela quer que se resolva essa situação que coloca a vida dela em risco bem como a de seu povo. Como ele vai ficar, se não cumprir suas promessas públicas? Por outro lado, Assuero publicamente empenhou sua palavra no decreto de Hamã. Como vai ser isso agora?

Ele sai. Ele precisa pensar. Vai dar aquela espairecida no jardim. Devia ser um belo jardim. Aliás, é um dos melhores lugares para pensar, não é?[13] Assuero sai e ficam Hamã e a rainha. Hamã já percebeu que a "batata dele está assando".[14] E ele tenta uma medida desesperada. Hamã se

---

12 Strain, *Ruth & Esther*, p. 140-143.

13 Aqui na minha Brasília são muitos os lugares para um belo passeio para espairecer. Parque da Cidade, Parque Olhos D'Água, Pontão do Lago Sul, Parque de Águas Claras, Praça dos Cristais e assim por diante. Procure em sua cidade algo assim!

14 Modo antigo e divertido de dizer que ele está em apuros. Fico feliz em esclarecer.

apavora e faz o que gente apavorada faz muitas vezes, age de forma impensada e piora a situação. Resolve se aproximar para implorar. Ele deveria saber da ilegalidade dessa aproximação para perto de Ester.[15]

Hamã ficou para implorar por sua vida; ele já percebeu que Assuero já está determinado a, de alguma forma, acabar com ele. Político experiente que era, Hamã já percebeu que a "maré" virou. Ele está ali sobre o divã de Ester implorando por sua vida, quem sabe com a esperança de que ela interceda por ele junto ao rei. E nisso volta o rei à casa do banquete de vinho e vê Hamã onde Hamã não deveria estar. O quê? Vai querer forçar a rainha? Na minha frente? Na minha casa?

Há alguma dúvida sobre se Assuero pensou mesmo que Hamã estava tentando atacar a rainha ou não. Talvez ele meramente tenha se deparado com a saída política de que ele tanto precisava. Talvez tenha percebido que achou uma acusação muito conveniente para se livrar de Hamã, sem precisar com isso sujar sua reputação. A lei que ele fez continua valendo e o inimigo de sua rainha agora pode ser morto. O próprio Hamã, no seu desespero, deu para Assuero a saída; ele vai "pegar" Hamã e isso vai resolver. Quem iria questionar o rei por punir alguém que tentou forçar a sua rainha? Nisso, alguns dos eunucos já pegam Hamã. Cobrem o rosto dele. A situação de Hamã está indo de mal a pior.

---

15 Strain, *Ruth & Esther*, p. 143.

Harbona, um dos eunucos, lembra-se de algo bem útil para o momento.[16] Junto da casa de Hamã tem uma baita forca que ele tinha armado para Mordecai. Então, o rei resolve. Enforca.[17] E assim morre o perverso Hamã. Na forca que ele mesmo havia preparado. E a ira do rei é aplacada. Hamã, o inimigo do povo de Deus, que até ali parecia poderoso e imbatível, encontra seu trágico fim. Veja quanta riqueza teológica temos nesses eventos.

Mais uma vez vemos a ideia de soberania e responsabilidade, algo que começamos a tratar no capítulo anterior quando consideramos a forma que Deus estava agindo, mesmo enquanto Mordecai e Ester dormiam. De fato, o Senhor dá aos seus enquanto dormem. E, claro, quando estamos acordados, Deus deseja que façamos o que está ao nosso alcance. Se por um lado estamos vendo Deus agindo de formas que Ester não tem a menor ideia, ao mesmo tempo estamos vendo Ester agindo em tudo o que lhe cabe e com toda a sua força. Se o Senhor não edificar a casa, em vão trabalham os que a edificam; essa maravilhosa verdade bíblica implica que o Senhor edifica a casa e que debaixo de seu cuidado trabalhamos.

Ester está agindo, corajosamente, a risco próprio, da melhor forma que ela conseguiu pensar e no melhor plano que ela conseguiu "bolar". E nisso não estamos dizendo que, porque Ester agiu perfeitamente, então Deus agiu. Não é o

---

16 Sempre tem alguém como Harbona, não? Alguém atento que está observando e nota as coisas.

17 Ou empala. Não sei, Deus o sabe.

popular "Deus ajuda aos que se ajudam". De maneira alguma! Como Duguid[18] nota bem, nada é mencionado de suas orações, algo que é tão claro em Daniel, por exemplo. Deus está usando a obra de gente imperfeita.

Você consegue perceber nisso alguma conclusão a respeito de você e seus esforços? Às vezes, a gente não faz o que sabe que precisa fazer por inúmeras razões, mas uma delas é a nossa pequenez ou incapacidade. Deus cuida de seu povo mesmo quando seus esforços são inadequados, mesmo quando eles estão meio que no caminho errado ou feitos de forma atabalhoada. Aliás, se Deus só for usar nossos esforços quando eles forem perfeitos e feitos de coração completamente puro, quando vai ser isso? Não podemos, nem precisamos, recomendar completamente as ações de Ester nessa história. Mas Deus trabalha com gente como a gente.

Isso não deve nos encorajar em nosso serviço na igreja, no lar e em nossa luta pessoal contra o pecado? Sei que são lutas difíceis e você sai sangrando delas muitas vezes, mas eis um incentivo para você.

Falemos um pouco ainda sobre outro tema teológico que aparece aqui. O tema da propiciação: a ideia de aplacar a ira. Esse é outro princípio muito interessante que vemos nas escrituras e que aparece aqui em relação à ira de Assuero para com Hamã. Só o sangue de Hamã acalmou a situação. É claro, aqui estamos falando da ira caída de um mero humano pecador. Há algo mais sério e muito mais perigoso do que Assuero no universo.

---

18 Duguid, *Esther & Ruth*, p.92.

ESTER NA CASA DA PÉRSIA

Há uma ira que precisa ser aplacada para que ela seja resolvida. Há ofensas que não podem ser deixadas para lá; é preciso que haja derramamento de sangue. E esse princípio é visto nas escrituras em relação a nós e a outro rei, um muito mais poderoso do que Assuero com suas cento e vinte e sete províncias. No final das contas, a punição para Hamã não é tanto por ofender o rei da Pérsia, mas o Grande Deus.[19] Hamã está ofendendo Assuero? Sim. Mas sua ofensa real é contra o SENHOR ao tentar destruir o seu povo.

Assuero é um mero governante humano que tem suas iras injustas e reações exageradas. Deus é um rei muito diferente de Assuero. Jesus Cristo é um rei justo, um rei que não fica arrumando desculpas para agir. Um rei que entende a fundo toda e qualquer situação, que jura a dano próprio, e que não fica achando formas de se livrar do problema. Ian Duguid diz:

> "Temos um rei que ao invés de ser consumido consigo mesmo e seus interesses arriscou seu nome e reputação junto a um povo que ele vai para sempre chamar de seu, mesmo com grande custo pessoal em fazê-lo. Temos um rei que, longe de inventar acusações contra nós, tomou sobre si as acusações que nos eram merecidas por falhar em servi-lo como deveríamos e as colocou sobre seu querido e amado Filho".[20]

---

19 Duguid, *Esther & Ruth*, p.93.
20 Duguid, *Esther & Ruth*, p.96.

No final das contas, quem morre na trágica história da casa do Mundo é o filho de Deus. É sobre ele que é derramada a ira do rei eterno. Graças a Deus por isso.

VIDA E MORTE NA CASA DA PÉRSIA

Chegamos a uma resolução parcial do problema do livro de Ester. Mordecai foi livre da forca e o antagonista Hamã foi morto. Mas e agora? A situação não se resolveu. Ainda há um mandato real contra o povo de Deus! Deixemos isso para depois. Foque comigo aqui na questão da identidade e da expiação. Quem é você? Você ainda está buscando estabelecer ou descobrir sua identidade?

Permita-me dar uma resposta bíblica, que ao mesmo tempo assusta e liberta. Você, assim como Hamã, é alguém que ofendeu o grande rei. E você o fez precisamente por fazer parte de um grupo muito maior que você, a humanidade. Seja você de qualquer etnia, de qualquer preferência musical ou futebolística, fale você a língua que for, seja você homem ou mulher, seja você criança ou ancião, analfabeto ou doutor, milionário ou indigente, há uma classificação que ultrapassa todas essas. Você é humano. Você é filho de Adão. E você, mesmo com toda a sua individualidade, carrega sobre si a culpa daquele pecado.

Tenho, contudo, boas notícias para você. Deus não deixou que a humanidade perecesse nessa situação. Ele enviou seu próprio Filho, que se tornou um de nós, se identificou conosco, tal como Ester fizera com o seu povo. Ele publicamente veio ser um de nós. Mas no caso dele algo bem diferente da história de Ester ocorreu. Para salvar o seu povo, ele foi pendurado em vergonha e dor. Para ele mesmo receber sobre si na cruz, a vergonha e a punição que eram devidas a nós. Ele nos representou. Ele foi em nome de todo aquele que nele crer. Ele aplacou a ira do grande Deus contra o pecado. Enviado pelo próprio Deus. Que justiça e que amor ao mesmo tempo!

Se você se identificar como parte desse povo em Cristo, você será salvo. Seu pecado será coberto. E nele você se verá livre para verdadeiramente ser quem você foi feito para ser. Se você insistir em seguir sozinho, sem ele, você não vai se tornar mais você. Ao contrário. Você vai cada vez mais ficar parecido com os seus ídolos, similar àquilo que de fato move o seu coração. Você achará que está se encontrando, mas você estará apenas se moldando ao que as pessoas ao seu redor dizem que você deveria ser. Em Cristo, você vai descobrir que, independentemente de onde esteja agora, nele você vai de fato florescer. Vai de fato ter vida. Vida em abundância, como ele mesmo disse.

ESTER 8
VIRADA DE JOGO

"De virada é mais gostoso.", Sabedoria popular.[1]

"Eu sou o perigo […] eu sou o que bate à porta.", Walter White – *Breaking Bad*.

"Fathers, be good to your daughters
Daughters will love like you do", *Daughters* – John Mayer.

"Here's to the ones who dream...here's to hearts that ache, here's to the mess we make", La La Land.

"Olé!" – Em muitos, muitos estádios por aí.

---

1 Como demonstrado, por exemplo, na virada do São Paulo sobre o Guarani na final do campeonato brasileiro de 1986. Procure os vídeos por aí. Foi o evento formativo de meu coração tricolor.

Por que gostamos tanto de viradas de jogo? Da famosa vitória arrancada das presas da derrota? Somos fascinados por histórias em que algo estava andando muito mal, mas o evento toma um rumo que parecia improvável e a virada acaba acontecendo. Amamos isso nos esportes, procuramos isso nos livros, filmes e seriados. Encontramos essa ideia em diversas instâncias da vida. É interessante como por vezes o rumo de uma cidade inteira pode mudar. Por vezes, uma nação ou uma região inteira que viviam na rebelião e fugindo de Deus são convertidas e a história muda radicalmente. Não é sempre assim, aqui nesta vida, mas por vezes Deus nos dá amostras do juízo final por meio de salvar o seu povo de grande enrascada e punir malfeitores de forma bela e santa. Os profetas menores, por exemplo, frequentemente anunciam juízos divinos sobre os ímpios que servem de prévia para o grande e final Dia do Senhor. Deus derruba as falsas plantas e aquela que é como uma semente de mostarda cresce de forma espantosa.

Na história de Ester foi assim. Tudo indicava que na casa da Pérsia o povo de Deus estaria relegado a sumir. Mas Deus utiliza um rei pagão para prover uma saída para o seu povo. Ele sempre cuida dos seus. Vejamos melhor como aconteceu.

DEUS SEMPRE ESTÁ AGINDO, MESMO NAS PIORES CRISES

Estamos rumando para o final do livro de Ester. Uma história impressionante que se passa na época do exílio do povo de Deus, na Pérsia, império que substituiu os babilônios. Uma história que diz respeito a algumas pessoas específicas, mas que também diz respeito a muito mais do que apenas a elas. Diz respeito ao povo de Deus espalhado pelas cento e vinte e sete províncias do império, da Etiópia até a Índia. Como segue a história?

> 1 Naquele mesmo dia, deu o rei Assuero à rainha Ester a casa de Hamã, inimigo dos judeus; e Mordecai veio perante o rei, porque Ester lhe fez saber que era seu parente.
> 2 Tirou o rei o seu anel, que tinha tomado a Hamã, e o deu a Mordecai. E Ester pôs a Mordecai por superintendente da casa de Hamã.

A maré virou. Naquele mesmo dia o rei presenteia a rainha Ester com a casa de Hamã. Ele está falando de todas as posses de Hamã, inimigo dos judeus, adversário do povo do Senhor. Mas agora tudo pertence a Ester, a Hadassa do povo do Senhor. Por certo uma quantia vultuosa. A situação mudou radicalmente. Os vastos recursos que pertenciam a Hamã agora são de Ester.[2]

Ela revela que Mordecai é seu parente, e Mordecai que já vinha sendo honrado, acaba recebendo ainda mais poder e honra. O rei dá seu anel para Mordecai. Essa honra de falar em nome do rei pertencia a Hamã, mas agora é de Mordecai.

---

2 Bryan Gregory explica: "Uma vez que Hamã foi exposto como traidor contra o casal real, todas as suas posses são revertidas para a coroa, como era o costume da Pérsia Achemenida". *Inconspicuous Providence*, loc 2269.

O jogo só acaba quando termina, é a famosa frase do mundo do esporte. E o jogo aqui parecia estar rumando para o fim, mas veja a inversão. Ester virou bilionária e Mordecai o homem mais poderoso do império, abaixo apenas do próprio Assuero. É um clássico exemplo de eucatástrofe. Que isso? Essa é uma terminologia utilizada pelo grande escritor J.R.R. Tolkien.[3] A eucatástrofe é uma boa catástrofe.[4] Eventos surpreendentes e inesperados que fazem as coisas terminarem bem. Uma reversão súbita de eventos que muda tudo.

Tolkien sabia bem que esse tipo de coisa move o coração do leitor, pois é algo que está entranhado no coração humano. A ideia amada e amável de que aquilo que parece perdido pode ser recuperado, o que parecia destruído pode ser refeito. Mordecai é recompensado em receber o que não fora dele. Ele agora é o número 2 do império, no lugar que fora de Hamã. E ele nunca buscou isso. Ele só fez o dever dele salvando a vida do rei e depois lutou como podia pela preservação de seu povo. Assim como José, eis o homem de Deus sendo honrado e vestido de linho. O homem que estivera humilhado, mas agora está exaltado. Esse é um tema bíblico teológico muito belo e poderoso.[5]

3 Ver discussão em David Strain, *Ruth & Esther*, p. 147 em diante. Foi ele quem me lembrou disso.

4 Bryan Gregory fala sobre a *peripeteia*, que em termos literários é uma mudança súbita. Algo parecido com o que popularmente chamamos de "plot twist". *Inconspicuous Providence*, loc 196.

5 Aliás, Bryan Gregory nota diversas similaridades entre a história de José em Gênesis e o livro de Ester. Quem me lembrou disso foi meu caro irmão pastor Tarcízio Carvalho. Obrigado irmão! Interessados vejam *Inconspicuous Providence*, loc 245 em diante. Sobre o linho fino, ele veste os exércitos do céu em Apocalipse 19.11.

É o padrão da própria história de Jesus Cristo:[6] a surpreendente exaltação depois de algo muito ruim. No caso de Mordecai, apenas a ameaça de morte, no caso de Cristo, não apenas a ameaça. Como Paulo escreve aos Filipenses, ele "se humilhou tornando-se obediente até a morte, e morte de cruz. Pelo que também Deus o exaltou sobremaneira e lhe deu o nome que está acima de todo nome". (Fp 2.8,9) Percebe? Se é impressionante ver Mordecai ir de panos de saco para roupa de realeza em poucos dias, quanto mais impressionante é ver o humilhado salvador crucificado ir da morte sangrenta para a ressurreição gloriosa ao terceiro dia?

Isso deve servir de alento a todos nós que estamos passando por dificuldades e por humilhações. A Bíblia sempre tem esse padrão, da humilhação, no tempo determinado por Deus, sendo transformada em exaltação. Isso é fonte de ânimo a você que anda tão sofrido na vida, na jornada cristã. A peregrinação do povo de Deus, tanto coletiva como individualmente, muitas vezes é sofrida, sim. Envolve panos de saco, luto, lágrimas derramadas e a sensação de que a gente não vai chegar a lugar nenhum. Mas você tem nas escrituras a santa e bela certeza de que os humilhados por causa de Cristo serão exaltados. Sim, pode ser que algumas dores durem a vida inteira, mas o que é a vida inteira, com seus 80 ou mesmo 100 anos diante de uma eternidade de glória? Peso de glória, como diria Paulo.

---

6 Ver Strain, *Ruth & Esther*, p. 149 em diante.

Isso deve encorajar você que está com a fé fraca e vacilante. Sentindo como se tudo estivesse perdido. Seja por você estar meramente frio, seja por algum pecado que você cometeu e hoje experimenta as dores do resultado. Veja como as coisas podem mudar pela ação redentiva de Deus. Ele age mesmo com gente fraca e vacilante. Mesmo com gente com uma história de uma vida não muito séria. Isso deve servir de ânimo ao povo de Deus perseguido. Por quê? Pois um dia seremos revestidos de incorruptibilidade e reinaremos com Cristo sobre o cosmos refeito. E aqueles que perseguiram e maltrataram o povo do Senhor irão responder diante dele, em santo tribunal.

Falando em perseguição, Ester e Mordecai estão livres e exaltados, mas continua havendo um problema, não continua? O decreto de Hamã continua em efeito! E como isso vai se desenrolar?

DEUS USA AS MÁS INTENÇÕES DOS INIMIGOS PARA AVANÇAR SEU PLANO REDENTIVO

O capítulo segue.

> 3 Falou mais Ester perante o rei e se lhe lançou aos pés; e, com lágrimas, lhe implorou que revogasse a maldade de Hamã, o agagita, e a trama que havia empreendido contra os judeus.
>
> 4 Estendeu o rei para Ester o cetro de ouro. Então, ela se levantou, pôs-se de pé diante do rei

VIRADA DE JOGO | 161

> 5 e lhe disse: Se bem parecer ao rei, se eu achei favor perante ele, se esta coisa é reta diante do rei, e se nisto lhe agrado, escreva-se que se revoguem os decretos concebidos por Hamã, filho de Hamedata, o agagita, os quais ele escreveu para aniquilar os judeus que há em todas as províncias do rei.
>
> 6 Pois como poderei ver o mal que sobrevirá ao meu povo? E como poderei ver a destruição da minha parentela?

A situação continua complicada para o povo de Deus. O povo judeu está sob ameaça de genocídio e isso não mudou com a execução de Hamã. Ester vem apresentar novo pedido ao rei. Quanto tempo se passa entre os versos 2 e 3? Pelo que o versículo 9 indica, essa segunda conversa e o decreto que sai dela se dão no terceiro mês, enquanto a situação toda do decreto de Hamã, a conversa de Ester e a execução aconteceram no primeiro mês. Isso indica um espaço de dois meses. Ester novamente vai se arriscar perante o rei com toda a situação de comparecer e os riscos envolvidos. Claro que o clima está bem mais favorável para ela agora. E ela vai agora implorar. Mas por que esperar esse tempo todo? Talvez fosse a prudência de perceber o estado de ânimo de Assuero naqueles dias da morte de Hamã, talvez fosse o senso de que já conseguira muito para aquele dia e que há batalhas que devem ser deixadas para outro dia. Havia tempo hábil para resolver isso. Seja como for, lá está Ester de novo.

Ela implora pelo seu povo. Na última vez em que ela veio com um pedido foi com um plano astuto, prudente.

Primeiro banquete, segundo banquete e tudo o mais. Agora não. Ela vem se jogando aos seus pés em lágrimas, lhe implorando que remova a trama que Hamã havia empreendido contra os judeus. Ela agora está desesperada. Ela realmente veio a se importar com o seu povo. Aquilo que era algo escondido se tornou seu emblema, ela é parte de algo maior do que ela. Mais uma vez, a questão do favor dele para com ela está ligada ao destino de seu povo. E ela pede: "Se me amas, revogue esse decreto, pois como poderei ver o mal sobre o meu povo?" A história avança:

> 7 Então, disse o rei Assuero à rainha Ester e ao judeu Mordecai: Eis que dei a Ester a casa de Hamã, e a ele penduraram numa forca, porquanto intentara matar os judeus.
>
> 8 Escrevei, pois, aos judeus, como bem vos parecer, em nome do rei, e selai-o com o anel do rei; porque os decretos feitos em nome do rei e que com o seu anel se selam não se podem revogar.
>
> 9 Então, foram chamados, sem detença, os secretários do rei, aos vinte e três dias do mês de sivã, que é o terceiro mês. E, segundo tudo quanto ordenou Mordecai, se escreveu um edito para os judeus, para os sátrapas, para os governadores e para os príncipes das províncias que se estendem da Índia à Etiópia, cento e vinte e sete províncias, a cada uma no seu próprio modo de escrever, e a cada povo na sua própria língua; e também aos judeus segundo o seu próprio modo de escrever e a sua própria língua.

10 Escreveu-se em nome do rei Assuero, e se selou com o anel do rei; as cartas foram enviadas por intermédio de correios montados em ginetes criados na coudelaria do rei.

11 Nelas, o rei concedia aos judeus de cada cidade que se reunissem e se dispusessem para defender a sua vida, para destruir, matar e aniquilar de vez toda e qualquer força armada do povo da província que viessem contra eles, crianças e mulheres, e que se saqueassem os seus bens,

12 num mesmo dia, em todas as províncias do rei Assuero, no dia treze do duodécimo mês, que é o mês de adar.

13 A carta, que determinava a proclamação do edito em todas as províncias, foi enviada a todos os povos, para que os judeus se preparassem para aquele dia, para se vingarem dos seus inimigos.

14 Os correios, montados em ginetes que se usavam no serviço do rei, saíram incontinenti, impelidos pela ordem do rei; e o edito foi publicado na cidadela de Susã.

15 Então, Mordecai saiu da presença do rei com veste real azul-celeste e branco, como também com grande coroa de ouro e manto de linho fino e púrpura; e a cidade de Susã exultou e se alegrou.

16 Para os judeus houve felicidade, alegria, regozijo e honra.

17 Também em toda província e em toda cidade aonde chegava a palavra do rei e a sua ordem, havia entre os judeus alegria e regozijo, banquetes e festas; e muitos, dos povos da terra, se fizeram judeus, porque o temor dos judeus tinha caído sobre eles.

164 | ESTER NA CASA DA PÉRSIA

Assuero parece ficar meio surpreso. O que mais essa mulher quer? Eu dei para a rainha a casa de Hamã, já penduramos Hamã numa forca por querer intentar o mal. Talvez ele imaginasse que ela realmente se importava era só com ela e Mordecai mesmo, e eles estão seguros. Provavelmente o próprio Assuero não passaria muito disso. Ele está mostrando para ela que ela está salva, que o inimigo morreu e Mordecai tem poder. Mas tudo bem, você quer mais, pode fazer! Escreva aos judeus como bem lhe parecer, em nome do rei, sele com o anel do rei; pois os decretos do rei que com seu anel se selam, não podem ser revogados.[7] Eita, o rei topou! Nem foi tão difícil assim.

Ian Duguid[8] faz a gente pensar: Ester por cinco anos viveu como uma pagã prática, escondendo sua identidade judaica, vivendo como a rainha do mundo pagão. Já era teologicamente errada a sua postura, agora talvez esteja ficando claro que pode ter sido até mesmo pragmaticamente errada! Será que se ela revelasse sua origem para o seu rei logo no início, essa história toda teria chegado tão longe? Se quando Mordecai salvou o rei do plano de assassinato, já se soubesse da relação com Ester, talvez lá essa associação já tivesse elevado Mordecai ao cargo de Vizir e Hamã nunca teria tido o espaço que teve! Quando Hamã viesse com seu

---

7 Há uma certa discussão acerca da irrevogabilidade dos decretos. Alguns sugerem que se trata menos de algo que não pode ser de fato mudado, do que algo que uma vez decidido e enviado a todo canto, fica impraticável de ser contornado, dada a extensão do império. Seria como tentar recobrar as penas do travesseiro espalhadas ao vento. Ver discussão em Gregory, *Inconspicuous Providence*, LOC 2906 e ainda LOC 3183.

8 Duguid, *Esther & Ruth*, p. 99 em diante.

plano, talvez algo diferente tivesse acontecido. Se Assuero tivesse em mente a cultura, a etnia e a religião de Ester talvez ele tivesse parado para perguntar qual seria o povo que Hamã tinha em mente. "Frequentemente somos levados a pecar por causa de medos que nunca irão se materializar."[9]

Tantas vezes escondemos nossa identidade cristã por medo de coisas que nunca vão acontecer. Não tenha medo de quem você é em Cristo. Confie que ele está no controle de reinos, lares, escolas e escritórios. Não é uma defesa de imprudência, não. Mas é um alerta contra sermos governados por temor de homens ao invés de pelo temor do Senhor.

Vejamos com mais cuidado essa questão da lei. Havia uma lei em efeito dizendo que no dia tal as pessoas que desejassem poderiam atacar os judeus por todo o império sem ter quaisquer consequências. É basicamente uma sentença de morte que envolveria tomar os bens de todos os do povo do Senhor. E essa lei não podia ser revogada.

As leis persas não podiam ser anuladas, mas nada impedia que fosse feita uma outra lei que a vencesse. Que a nova lei funcionasse melhor! Mordecai se põe a trabalhar e sem demora os secretários do rei emitem o novo decreto que Mordecai escreve, para ser enviado aos judeus, para os sátrapas, para os governadores, para os príncipes das cento e vinte e sete províncias que se estendem da Índia até a Etiópia. Tudo traduzido em cada língua e modo de escrever.

---

9 Duguid, *Esther & Ruth*, p. 100. Como Elimeleque. Ver discussão no meu livro *Redenção nos Campos do Senhor: As boas novas em Rute*. (Ed. Monergismo, 2017.)

ESTER NA CASA DA PÉRSIA

O novo edito é escrito de forma que ecoa o anterior para mostrar a conexão entre as coisas.[10] E ele autoriza os judeus a se reunirem e se disporem a defender a sua vida, para destruir, matar e aniquilar toda força que viesse contra eles. O verso 13 diz que isso foi feito para se prepararem para aquele dia, para se vingarem de seus inimigos. Veja bem os termos. É mais do que mera autodefesa, mas também não é uma licença para fazer o que quiser e matar indiscriminadamente.[11]

Esse decreto deixa claro para os judeus que eles podem se armar, se organizar, se preparar, estar fortes e prontos para o dia em que chegar a turminha animada com a lei de Hamã. Além disso, é importante que os governantes locais saibam que os judeus foram autorizados pelo rei para fazer resistência pesada e agir brutalmente para se defenderem e se vingarem.

Imagino que a ideia seja para desencorajar os potenciais agressores. Vejam, tem uma lei que diz que no dia tal você vai poder atacar judeus sem consequências a você. Porém, tem uma outra lei que diz que eles têm o direito de fazer muita coisa contra quem vier atacá-los. Provavelmente isso desencorajaria vários aventureiros. O edito é enviado em cavalos especialmente rápidos para que chegue a tempo a todos.

Precisamos pensar teologicamente sobre o que está acontecendo. Há um assunto espinhoso, que é ver esses

---

10 Duguid, *Esther & Ruth*, p.103.
11 Duguid, *Esther & Ruth*, p.103.

eventos como uma forma de guerra santa. Voltaremos a esse tema no próximo capítulo. Veja, por hora, como esses eventos se encaixam na história da redenção. Lembre-se de como o pacto da graça se manifestou por meio do chamado de Abraão. Deus disse muitas coisas àquele homem que ele chamou para ser uma bênção. Dentre as diversas promessas feitas por Deus, estava a de abençoar os que abençoassem Abraão e amaldiçoar os que o amaldiçoassem.[12] E veja a proteção do Senhor novamente sobre seu povo, não por seu povo merecer, mas por Deus ser fiel. Como diz Ian Duguid: "A autoridade do império agora apoiava as ameaças do pacto abraâmico contra os que buscassem fazer mal aos descendentes de Abraão".[13]

E os resultados disso tudo? O texto nos diz no v.16: "Felicidade, alegria, regozijo e honra". Lá no capítulo 4 houve luto, jejum, choro e lamentação. Mas agora o Senhor está agindo em nosso favor, e quando o Senhor restaurou a nossa sorte, ficamos como quem sonha. Se antes a cidade estava em confusão, agora ela está feliz.

Felicidade, alegria, regozijo e honra. E como uma onda de felicidade essa notícia vai se espalhando entre os judeus e leva a banquetes e festas por todo o império. Como David Strain[14] lembra, a celebração é por uma vitória prometida, mas não ainda atingida! Interessante isso. Parece com a vida cristã. Nós também temos alegrias por coisas que

---

12 Gênesis 12.3
13 Duguid, *Esther & Ruth*, p.104.
14 Strain, *Ruth & Esther*, p. 154,

estão colocadas diante de nós. Cristo seguiu suportando seus sofrimentos com olho na alegria posta diante dele. Nós também. Marchamos neste mundo estranho sabendo que aquilo que nos espera é de um peso infinitamente superior a qualquer agrura que experimentemos aqui. Os problemas ainda não estão plenamente resolvidos. Ainda tem a luta a acontecer. Mas a fagulha da esperança está acesa. E ela já muda o coração. Strain: "Você pode medir o quanto você se agarra à promessa da glória futura pelo quanto você pratica a alegria presente".[15]

"EUCATÁSTROFE"

E a questão do direito ao ataque? É importante lembrarmos algo acerca da origem do decreto de Hamã e a velha inimizade entre amalequitas e judeus. Deus está pronto a usar esse momento para julgar as nações que se levantam contra ele. Voltaremos a isso. Foque no que nos conta o final do capítulo, no v.17: "E muitos, dos povos da terra, se fizeram judeus, porque o temor dos judeus tinha caído sobre eles". Como é isso de muitos se tornarem judeus? Por certo alguns foram motivados pelo medo ou por ver uma mudança na maré política, gerando muitas falsas conversões. Veja, porém como há algo do pacto com Abraão sendo cumprido aqui. A promessa de que nele seriam benditos os povos. Povos estão conhecendo o Deus dos filhos de Abraão. Gente de outras etnias está experimentando fé.

---

15 Strain, *Ruth & Esther*, p. 154.

Todas as coisas ruins irão se desfazer. Todas elas. Pois não há condenação para nós que estamos em Cristo. Nós também somos filhos de Abraão, pela fé (Gl 3.7). Somos parte de seu povo. Mesmo sendo originalmente inimigos, pela ação poderosa de Cristo nos tornamos povo. Há uma única forma de escapar do julgamento: por meio de nos identificarmos com o povo de Deus.

Mesmo que você tenha sido parte dos inimigos de Deus, em Cristo, você pode ser parte desse povo. Nada te impede. Basta crer. Venha participar da festa e do banquete que ocorre enquanto o dia do juízo e da vitória final não chega. Quando nos reunimos em adoração, estamos antecipando a alegria vindoura. "Todo dia do Senhor é um dia de festa em que celebramos a grande reversão de nosso destino eterno."[16]

São lembretes de que o triunfo pertence a quem está em Cristo. O filho de Davi, o filho de Abraão, o perfeito salvador do mundo. Em segui-lo há felicidade, alegria, regozijo e honra, mesmo ainda vivendo aqui na Casa da Pérsia.

---

16 Duguid, *Esther & Ruth*, p.110.

ESTER 9 E 10
TRIUNFO E FESTA NA CASA DA PÉRSIA

"I can tell by your eyes that you probably been crying forever.", *I don´t want to talk about* – Rod Stewart

"Muitas são as ocorrências estranhas do mundo, disse Mithrandir, e o auxílio frequentemente vem das mãos do fraco quando o sábio vacila.", *Silmarillion* – J.R.R. Tolkien.

"Mas seria o mesmo que pedir a um homem prestes a se afogar que descansasse um pouco, quando está praticamente alcançando a praia! Preciso alcançá-la primeiro, depois descanso.", *O morro dos ventos uivantes*, Emily Brontë.

"Eu me pergunto se o que sentimos no nosso coração hoje não é como esses pingos de chuva que ainda continuam caindo em cima de nós das folhas encharcadas da árvore, apesar de a chuva em si já ter parado de cair faz tempo. Eu me pergunto se, sem as nossas lembranças, o nosso amor não está condenado a murchar e morrer.", *O gigante enterrado* – Kazuo Ishiguro.

"É verdade que você cresceu num barco, mamãe?" Você perguntou.

"Sim." "Era assustador?" "Nem um pouco. Todos estamos vivendo num barco, querido. A Terra é apenas um grande bote no mar de estrelas.", *The paper menagerie* – Ken Liu.

Estamos perto do final. O que vai sair disso tudo? Vejamos o texto bíblico:

1 No dia treze do duodécimo mês, que é o mês de adar, quando chegou a palavra do rei e a sua ordem para se executar, no dia em que os inimigos dos judeus contavam assenhorear-se deles, sucedeu o contrário, pois os judeus é que se assenhorearam dos que os odiavam;

2 porque os judeus, nas suas cidades, em todas as províncias do rei Assuero, se ajuntaram para dar cabo daqueles que lhes procuravam o mal; e ninguém podia resistir-lhes, porque o terror que inspiravam caiu sobre todos aqueles povos.

3 Todos os príncipes das províncias, e os sátrapas, e os governadores, e os oficiais do rei auxiliavam os judeus, porque tinha caído sobre eles o temor de Mordecai.

4 Porque Mordecai era grande na casa do rei, e a sua fama crescia por todas as províncias; pois ele se ia tornando mais e mais poderoso.

5 Feriram, pois, os judeus a todos os seus inimigos, a golpes de espada, com matança e destruição; e fizeram dos seus inimigos o que bem quiseram.

6 Na cidadela de Susã, os judeus mataram e destruíram a quinhentos homens,

7 como também a Parsandata, a Dalfom, a Aspata,

8 a Porata, a Adalia, a Aridata,

9 a Farmasta, a Arisai, a Aridai e a Vaizata,

10 que eram os dez filhos de Hamã, filho de Hamedata, o inimigo dos judeus; porém no despojo não tocaram.

11 No mesmo dia, foi comunicado ao rei o número dos mortos na cidadela de Susã.

12 Disse o rei à rainha Ester: Na cidadela de Susã, mataram e destruíram os judeus a quinhentos homens e os dez filhos de Hamã; nas mais províncias do rei, que terão eles feito? Qual é, pois, a tua petição? E se te dará. Ou que é que desejas ainda? E se cumprirá.

13 Então, disse Ester: Se bem parecer ao rei, conceda-se aos judeus que se acham em Susã que também façam, amanhã, segundo o edito de hoje e dependurem em forca os cadáveres dos dez filhos de Hamã.

14 Então, disse o rei que assim se fizesse; publicou-se o edito em Susã, e dependuraram os cadáveres dos dez filhos de Hamã.

15 Reuniram-se os judeus que se achavam em Susã também no dia catorze do mês de adar, e mataram, em Susã, a trezentos homens; porém no despojo não tocaram.

16 Também os demais judeus que se achavam nas províncias do rei se reuniram, e se dispuseram para defender a vida, e tiveram sossego dos seus inimigos; e mataram a setenta e cinco mil dos que os odiavam; porém no despojo não tocaram.

VIVENDO NA CASA SECULAR

Como viver na casa secular em que fomos colocados por Deus para viver? Como a gente fica, sendo cristãos brasileiros e sendo expostos o tempo todo à imoralidade do carnaval e dos programas da televisão, às pressões públicas pela aceitação de padrões de comportamento sexual contrários aos mandamentos de Deus e às pressões para normalização do assassinato de bebês? Vivendo diante de tanta gente poderosa que chama o mal de bem e o bem de mal? Com violência terrível nas nossas cidades e desesperança em toda parte? Como a gente fica?

Como viveremos? Sendo cristãos vivendo em países onde nossa liberdade é severamente limitada? Onde não podemos falar de Cristo em público, nem carregar bíblias ou nos reunirmos com tranquilidade para adorar? Onde a sombra do comunismo, do islamismo, do hinduísmo, ou seja do que for, nos fazem esconder em casa, fechar as janelas, disfarçar os sorrisos e ter de usar códigos?

Como a gente fica? Sendo cristãos que vivem na Europa e veem o cristianismo nominal que não vale de nada? Vendo a islamização do ocidente? Vendo as pautas secularistas dominando e homens acovardados falhando em defender as mulheres? Vendo a herança cultural se esvaindo?

Como a gente fica? Sendo cristãos em regiões onde a igreja cresce muito, porém frequentemente de forma nada saudável teologicamente. É assim em boa parte da América do Sul e da África. Há mistura com religiões pagãs, e muita teologia da prosperidade. Tanta coisa boa acontecendo, mas vem junto tanta coisa estranha, não vem?

Como a gente fica? Sendo cristãos na universidade, onde há zombarias e perversões em toda parte? Como a gente fica? Sendo cristãos nas repartições públicas e em empresas privadas onde todo mundo "apronta" de tudo e se você não "apronta", você não é confiável?

Como a gente fica? Aqui na casa da Pérsia secular. Aqui nesta terra exilada onde Deus nos colocou por causa dos pecados de nossos antepassados mais antigos? Como a gente fica, sabendo que um dia teremos nova terra, mas ainda não? Como a gente vive, lembrando que Deus está levando seu povo a um grande triunfo nele, e nos dará descanso de todos os seus inimigos?

VIVEMOS EM TEMPOS DE GUERRA

Temos estudado a história do livro de Ester e agora chegamos ao seu final. Terminamos o capítulo anterior com a boa notícia de que foi feito um segundo decreto, que autorizava os judeus a resistirem, a se organizarem e lutarem por suas vidas e posses quando chegasse o dia. Essa notícia causou alegria em todas as províncias. Houve felicidade, alegria, regozijo e honra. E a turma se preparou, e o dia chegou.

A hora da resistência. No final do capítulo anterior, vimos que vários desistiram da ideia de atacar os judeus, inclusive muitos se tornaram judeus. Entretanto, uma turma perseverou em fazer o mal. Quando os inimigos contavam assenhorear-se deles, os judeus é que se assenhorearam[1] dos que os odiavam. Eles não perderam uma. Terror veio sobre os povos e os judeus resistiram bravamente. Não somente isso! O texto nos diz (v.3) que os governantes locais ajudaram os judeus pois tinham medo de Mordecai. Ele se tornava cada vez mais famoso e poderoso no império e é uma ideia boa agradar quem manda.

Feriram à espada e fizeram o que bem quiseram com seus inimigos. Veja os números. Em Susã, na cidadela, tombaram 500. Incluindo os dez filhos de Hamã que deviam estar louquinhos de vontade de uma vingancinha. Por certo tinham suas forças, mas não prevaleceram contra o povo do Senhor. Pelo império afora morreram 75 mil inimigos do povo de Deus. Falam para Ester o que se passou – e ela pede ao rei para estender o edito por um dia, a fim de poder pendurar os cadáveres dos dez filhos de Hamã. Depois no dia catorze tem ainda outro ataque e morrem mais trezentos.

Espera. Estender o prazo da matança? O que a gente faz com isso? Parece um pouco demais? Parece que os heróis viraram vilões? Lidemos com a questão da guerra santa. Deus muitas vezes comandou que o seu povo

---

1 Sensacional esse verbo, não?

fizesse guerra contra outros povos. Basta ler Josué para que isso fique claro. É verdade que é meio incômodo lidar com essas coisas, pois parece um tanto oposto ao que estamos acostumados a pensar em termos da ética do reino de Deus. David Strain faz a pergunta que talvez tenha surgido em seu coração: será que Mordecai e Ester se tornaram tiranos? Será que eles acabaram se tornando aquilo que lutaram para tirar do poder?[2]

Vamos entender melhor isso da guerra santa. Por que era assim? Desde a rebelião inicial no Éden, estabeleceu-se uma rivalidade ou inimizade entre aqueles que odeiam a Deus e ao seu povo, e aqueles que se chamam pelo seu nome. Essa rivalidade resultou no primeiro derramamento de sangue da história, quando Caim, que era do maligno, matou seu irmão Abel, que se foi como um sopro. E o planeta Terra pela primeira vez bebeu sangue de um humano morto.

A história humana avança, e no seu plano redentivo, Deus chama Israel (Jacó) e seus filhos para serem uma nação santa, separada, que o representaria na terra e em seu nome agiria. Israel funcionou muitas vezes como a mão de Deus em punir os ímpios que adoravam falsos deuses. Isso aparece bem na conquista de Canaã. É uma prévia do julgamento final.

Lembre-se, Deus podia ter aniquilado há muito esses povos que se rebelaram contra ele e foram atrás de falsos deuses. Cada segundo de vida que eles tiveram foi uma

---

2 Strain, *Ruth & Esther*, p.158. É um perigo real. Muitas revoluções acabaram desembocando em tirania pior do que tinha aquele que supostamente buscavam combater.

ESTER NA CASA DA PÉRSIA

dádiva da longanimidade graciosa de Deus. Lembremos dos amalequitas. Quando Israel saiu do Egito, os amalequitas os atacaram covardemente por detrás, atacando os velhos, doentes e todos os outros desprotegidos. Israel venceu pela ação de Deus. Tratamos disso anteriormente. Naquela ocasião, Israel levou despojos mesmo sendo proibido. Ou seja, agiram, não como um instrumento punitivo de Deus em sua guerra santa contra o mal, mas como mais uma nação qualquer que luta, que mata e que pilha.

Outra história relevante para entender esse princípio é a de Acã e seu pecado em Ai (Josué 7), quando ele pecou diante do Senhor roubando um pouco dos despojos e escondendo-os na sua tenda. Isso trouxe muito problema para o povo, pois ele pegou o que não podia naquela ocasião. A ideia é não se beneficiar do mal.[3]

E agora o que se passa? A continuação daquela ação. Os amalequitas persistiram, pois Saul falhou. Mas agora Hamã foi condenado e seus filhos também morrem. Cumpriu-se assim o juízo do Senhor sobre Amaleque. O que está se passando no império persa, não é Israel passando de oprimidos para opressores, mas lutando em nome do Senhor contra os povos que, sendo do maligno, tentam destruir o plano divino de uma semente de Judá trazer a redenção prometida às nações.

Os judeus não estão atacando indiscriminadamente. Os que desejam se juntar ao povo do Senhor, têm liberdade

---

3 David Strain nos lembra que Abraão se recusou a ter despojos da perversa Sodoma (Gn 14.21-23). *Ruth & Esther*, p.159.

TRIUNFO E FESTA NA CASA DA PÉRSIA | 179

para isso. E sim, Israel está livre para atacar os inimigos que se voltarem contra eles, buscando destruí-lo. Note a evidência tão importante no que diz respeito aos despojos. Veja nos versos 10, 15 e 16. Eles não pegam despojos, e o autor faz questão de nos dizer isso. Eles não estão sendo oportunistas e aproveitando para pegar o que é dos outros, "eles estão fazendo apenas aquilo que têm de fazer, a fim de se protegerem de seus atacantes e assegurar sua segurança futura".[4] Os judeus finalmente estão fazendo o que deveria ter sido feito lá atrás. Eles estão protegendo o seu povo e não estão lucrando com o fruto da impiedade dos que odeiam o povo do Senhor. Eles não mataram mulheres e crianças, apenas os homens que os atacaram.[5]

Essa ocasião funciona, assim como outras instâncias do Antigo Testamento, como uma prévia do juízo final, quando os reis da terra que continuarem na sua rebelião serão derrotados para sempre. Apesar dos alertas divinos, muitos seguem em rebelião. E isso se exemplifica aqui. Foi claramente alertado a todo o império que atacar o povo de Yahweh iria acabar mal. Mesmo assim muitos insistiram. Assim como muitos insistem contra o Senhor e o seu ungido.[6]

Hoje ainda é assim? Não. Agora com a completude da obra de Jesus em sua primeira vinda, tudo mudou. Israel funcionou em certas ocasiões como espada do Senhor. A igreja é o Israel espiritual, nossa luta agora é espiritual, levando a

---

4 Gregory, *Inconspicuous*, LOC 2389.

5 Gregory, *Inconspicuous*, LOC 2398.

6 Dê uma lida depois no Salmo 2 e veja como funciona isso. Note bem o resultado.

toda a terra a mensagem do arrependimento e fé em Cristo. Lutamos com armas espirituais, em preparação para o grande juízo final.[7] A cruz do Calvário foi guerra santa em que os principados e potestades foram de uma vez por todas derrotados por Cristo. Como Paulo diz aos Colossenses: "Despojando os principados e as potestades, publicamente os expôs ao desprezo, triunfando deles na cruz". (Cl 2.15.) Foi o triunfo de uma batalha milenar que começou ainda em Gênesis. Como Deus disse, ele poria inimizade entre a mulher e a serpente e que, um dia, o descendente da mulher iria esmagar a cabeça da maldita cobra (Gn 3.15). No processo de triunfar, o descendente seria ferido mortalmente. Isso aconteceu na cruz, quando o Filho de Deus foi morto para derrotar a serpente e salvar o seu povo.

Na vida cristã há uma guerra santa, não mais contra carne ou sangue, mas uma guerra espiritual que batalhamos contra o mundo, a carne o diabo. Um dia essa vitória será completamente vista, mas ela já está assegurada. Na luta contra o pecado é bom lembrar que a vitória já está garantida e não precisamos viver como se não estivesse.

Somos chamados a levar adiante a mensagem do triunfo de Cristo! A mensagem de que num dia não declarado a nós, humanos, Deus vai acertar as contas com todos os inimigos que se recusam a se dobrar perante Jesus. E nisso vai a boa notícia de que não precisa ser assim. Qualquer um, não importa o que tenha feito, qualquer um

---

7 Importante: com isso não nego de forma alguma o direito de autodefesa contra ataques físicos.

pode se juntar ao povo do Senhor em fé e arrependimento por meio de Jesus.

Na vida na casa da Pérsia, precisamos lembrar que vivemos em tempos de guerra. Mas mesmo em tempos de guerra, temos tréguas, temos momentos de lembrar da paz passada e da paz futura. E isso ocorre de forma muito bela aqui no texto.

O POVO DE DEUS CELEBRA, OLHANDO PARA O PASSADO E ANSIANDO PELO FUTURO

A história segue e nos ensina muito.

> 17 Sucedeu isto no dia treze do mês de adar; no dia catorze, descansaram e o fizeram dia de banquetes e de alegria.
>
> 18 Os judeus, porém, que se achavam em Susã se ajuntaram nos dias treze e catorze do mesmo; e descansaram no dia quinze e o fizeram dia de banquetes e de alegria.
>
> 19 Também os judeus das vilas que habitavam nas aldeias abertas fizeram do dia catorze do mês de adar dia de alegria e de banquetes e dia de festa e de mandarem porções dos banquetes uns aos outros.
>
> 20 Mordecai escreveu estas coisas e enviou cartas a todos os judeus que se achavam em todas as províncias do rei Assuero, aos de perto e aos de longe,
>
> 21 ordenando-lhes que comemorassem o dia catorze do mês de adar e o dia quinze do mesmo, todos os anos,
>
> 22 como os dias em que os judeus tiveram sossego dos seus inimigos, e o mês que se lhes mudou de tristeza em alegria,

e de luto em dia de festa; para que os fizessem dias de banquetes e de alegria, e de mandarem porções dos banquetes uns aos outros, e dádivas aos pobres.

23 Assim, os judeus aceitaram como costume o que, naquele tempo, haviam feito pela primeira vez, segundo Mordecai lhes prescrevera;

24 porque Hamã, filho de Hamedata, o agagita, inimigo de todos os judeus, tinha intentado destruir os judeus; e tinha lançado o Pur, isto é, sortes, para os assolar e destruir.

25 Mas, tendo Ester ido perante o rei, ordenou ele por cartas que o seu mau intento, que assentara contra os judeus, recaísse contra a própria cabeça dele, pelo que enforcaram a ele e a seus filhos.

26 Por isso, àqueles dias chamam Purim, do nome Pur. Daí, por causa de todas as palavras daquela carta, e do que testemunharam, e do que lhes havia sucedido,

27 determinaram os judeus e tomaram sobre si, sobre a sua descendência e sobre todos os que se chegassem a eles que não se deixaria de comemorar estes dois dias segundo o que se escrevera deles e segundo o seu tempo marcado, todos os anos;

28 e que estes dias seriam lembrados e comemorados geração após geração, por todas as famílias, em todas as províncias e em todas as cidades, e que estes dias de Purim jamais caducariam entre os judeus, e que a memória deles jamais se extinguiria entre os seus descendentes.

29 Então, a rainha Ester, filha de Abiail, e o judeu Mordecai escreveram, com toda a autoridade, segunda vez, para confirmar a carta de Purim.

30 Expediram cartas a todos os judeus, às cento e vinte e sete províncias do reino de Assuero, com palavras amigáveis e sinceras,

31 para confirmar estes dias de Purim nos seus tempos determinados, como o judeu Mordecai e a rainha Ester lhes tinham estabelecido, e como eles mesmos já o tinham estabelecido sobre si e sobre a sua descendência, acerca do jejum e do seu lamento.

32 E o mandado de Ester estabeleceu estas particularidades de Purim; e se escreveu no livro.

Veja o que é ensinado a nós, agora. A festa que vem depois da luta. O texto nos explica que os judeus para todo lado, em Susã, nas vilas, onde fosse, fizeram daqueles dias de banquete e alegria. Um povo espalhado por cento e vinte e sete províncias, mas com a mesma celebração. O descanso dos inimigos. Note que belo aspecto: mandaram porções de comida uns aos outros! Quer pudim? Aqui! Manda um pudim lá para o vizinho. Manda um arroz sem passas que a gente gosta. Toma essa leitoa pururuca! Opa, suíno não podia.[8]

Além do banquete, dádivas aos pobres. Tempo de alegria tão extravagante que a gente dá aos pobres e manda comida uns aos outros. A celebração do Purim é parte

---

8 Hoje pode! Um dia não vai poder mais.

dessa história.[9] O nome vem do termo Pur, o lançamento de sortes que levou à definição desse dia como o da batalha e do triunfo. Essa festa se dava um mês antes da Páscoa. Cada uma delas celebrando uma libertação dada por Deus.

Mordecai escreve carta para os judeus de perto e de longe, cento e vinte e sete províncias, da Etiópia até a Índia, fazendo disso uma festa a ser celebrada para sempre, lembrando da salvação, lembrando de como o mal foi intentado contra eles, mas na providência de Deus, até isso foi usado para o bem.

E assim, que os dias 14 e 15 de Adar sejam comemorados todos os anos, como o dia em que tiveram descanso de seus inimigos. Tomaram sobre si e sobre sua descendência e sobre quem chegasse a eles que não se deixasse de comemorar. Uma celebração redentiva para eles e seus filhos, e para os que não sendo descendentes se achegassem a eles. O verso 30 nos mostra que ainda houve uma segunda carta para que geração após geração se lembrasse. Mais uma carta, cheia de palavras amigáveis e sinceras, comemorando o descanso.[10]

Mike Cosper, muito perceptivamente, fala sobre o enorme significado desse evento para o povo de Deus nessa época. Um povo que experimentara o exílio e estava espalhado pelo mundo antigo. Mas que agora encontrara nova força por meio da aflição, renovado amor pela sua identidade, por meio do sofrimento pelo qual passaram. Vivendo no

---

9 De certa forma, o objetivo do livro é explicar a origem do festival. Ver Strain, *Ruth & Esther*, p. 163.

10 Essa é uma temática muito importante, aparecendo por exemplo em 2 Samuel 7, quando Davi tem descanso de seus inimigos e Deus faz aliança com ele.

império eles podiam ter sido facilmente assimilados, como Mordecai e Ester estavam sendo por anos. Eles se viram então diante dessa escolha:

> "Eles podiam agora escolher se permaneceriam judeus ou não, e após o milagre de sua salvação, sua religião foi renovada. Por essa razão a celebração do Purim tornou-se profundamente importante para o povo judeu. É uma celebração do tipo de despertar que Mordecai e Ester experimentaram mais intimamente. É uma lembrança de quando os judeus no exílio não somente foram redimidos de uma sentença de morte, mas foram renovados em seu compromisso para com a identidade como povo de Deus."[11]

Uma festa lembrando quem somos. Uma festa lembrando quando Deus nos deu descanso. Uma festa para a gente periodicamente celebrar com nossos filhos e com quem mais quiser se juntar a nós. É uma festa importante para lembrar que, embora estejamos nesta cultura, não somos dela. Nós cristãos no Novo Pacto temos algo parecido, não temos? Claro que sim! O dia do Senhor. O domingo. Em que lembramos da ressurreição de Cristo. Dia em que tivemos paz e descanso, e nisso nos alegramos.

Como diz Barry Webb:

> "O livro de Ester é de fato uma vestimenta festiva, uma veste para usar quando nos sentirmos estonteados, de

---

11 Cosper, *Faith among the faithless*, p. 164 e 165.

novo, com alguma forma inesperada que Deus nos resgatou, e estivermos prontos para celebrar. Mas também é uma veste para usar quando as forças armadas contra nós parecerem todo-poderosas, quando rir pode ser a única forma de ficar são [...] É nos vestirmos com a verdade de que Deus é soberano, e ser lembrados de que ele é sempre conosco, mesmo quando parece ausente, e que nada vai impedir seus propósitos. Vestir o livro de Ester é afirmar que Deus é nosso redentor, e partilhar a risada do céu".[12]

Há rituais para a vida que movem o coração.

"Rituais não são soluções. Eles não 'consertam as coisas'. Eles são como vivemos com aquilo que não podemos consertar, canais para encarar nossa finitude, a forma que tentamos navegar este vale de lágrimas enquanto isso."[13]

Aliás, participar da Ceia do Senhor envolve isso também. Lembramos uns aos outros de que ele já venceu e anunciamos a sua morte até que ele venha. É um memorial que alimenta espiritualmente ao nos contristarmos e nos alegrarmos no que seria de nós, se não fosse ele agindo na cruz. Temos de lembrar. E os rituais da fé cristã nos lembram disso. Como Timothy Cain explica perceptivamente:

12 Webb, *Five festal garments*, p.133.
13 James K.A. Smith, On the road with St Augustine, p.115.

TRIUNFO E FESTA NA CASA DA PÉRSIA | 187

"Os discípulos se esqueceram do Purim. Esqueceram como a história acabava. Eles se esqueceram de que seu Deus era o Deus das grandes viradas, e o julgaram pelas circunstâncias presentes. É por isso que seu coração estava cheio de lamento, e sua mente tomada de medo, correram e se esconderam em um quarto trancado. Eles pensaram que a história tinha acabado. Quando Jesus pendeu sua cabeça na morte, eles pensaram que era o final".[14]

Nós, entretanto, não precisamos andar assim. Ao lembrarmos da grande virada da tumba vazia, nosso coração pode se alegrar mesmo nas piores circunstâncias.

"Com frequência nossa vida mal mostra evidência de um deleite celebratório... mas o espírito do Purim nos lembra de que não devemos nos levar tão a sério. Ou melhor dizendo, o Purim nos lembra de que devemos levar Cristo e as boas novas de salvação tão a sério que não levamos nós mesmos tão a sério."[15]

A história continua com um epílogo importante. O capítulo 10 diz:

1 Depois disto, o rei Assuero impôs tributo sobre a terra e sobre as terras do mar.

2 Quanto aos mais atos do seu poder e do seu valor e ao relatório completo da grandeza de Mordecai, a quem o rei

---

14 Cain, Timothy. *The God of Great Reversals: The Gospel in the Book of Esther* (p. 165). Unknown. Kindle Edition.
15 Gregory, Bryan R. *Inconspicuous Providence*, LOC 2771-2774.

exaltou, porventura, não estão escritos no Livro da História dos Reis da Média e da Pérsia?

3 Pois o judeu Mordecai foi o segundo depois do rei Assuero, e grande para com os judeus, e estimado pela multidão de seus irmãos, tendo procurado o bem-estar do seu povo e trabalhado pela prosperidade de todo o povo da sua raça.

Mordecai serviu e serviu bem. O Livro da História dos Reis da Média e da Pérsia nos conta sobre ele. Foi homem grande e estimado, procurou o bem-estar e trabalhou em prol do seu povo.

Mas você percebe uma coisa incômoda nesse epílogo? Depois disso Assuero vai e enche tudo de imposto. Na coroação de Ester houve diminuição de impostos (2.18), agora novo aperto. Reis são reis.

O texto termina focando em Mordecai e em Ester e eles estão magnânimos, não estão? Mas no final das contas quem manda mesmo ainda na Casa da Pérsia é o pagão e perverso Assuero. Ian Duguid diz que isso serve para nos mostrar que por mais que coisas tenham mudado, ainda é a casa da Pérsia.[16] Não esperemos que esta terra vire céu antes da vinda de Cristo. Por melhor que esteja nossa situação na Casa da Pérsia, ainda é a Casa da Pérsia. Ainda temos reis poderosos que não servem a Deus, ainda temos pesos e dificuldades. Por mais que estejamos relativamente seguros e tenhamos nossas festas, ainda somos estrangeiros em exílio.

16 Duguid, *Esther & Ruth*, p.120.

BOAS NOVAS

Há uma canção de Bob Dylan chamada *Blowing in the Wind* (Soprando no vento). Uma música sobre anseio por descanso. E uma das frases da música sempre está na minha mente. "Por quantos mares a pomba branca precisa passar até poder dormir na areia?" É assim, não é? O povo de Deus está há milênios passando por mares de agitação; desde que Caim "pegou" o primeiro de nós. Passa por Estevão debaixo de pedras, passa por uma multidão grande demais para enumerar. Muitos torturados, queimados, serrados no meio, passados ao fio da espada. Quantos mares até podermos descansar na areia do novo mundo? Como é que a gente vive, enquanto não acha areia para repousar?

Mike Cosper diz bem:

"Eis o mapa de estrada dado por Ester para a vida com Deus. Ele é, em certo sentido, um mapa feito para nos ajudar a achar o caminho de volta para casa. Eu creio que é por isso que Deus está 'escondido' ao longo da história. É a história de um grupo de pessoas encontrando seu caminho de volta para Deus em meio a um mundo escuro; encontrando sua voz para serem testemunhas fiéis e vulneráveis, e buscando se assegurar de que as gerações após eles não cometam o mesmo erro".[17]

---

17 Cosper, *Faith among the faithless*, p. 172.

Se o resultado é estar mais perto, inda que seja a dor que nos una a ele, nos alegremos. Estamos no mesmo problema, não? Um mundo onde parece que os poderosos mandam, a gente é pequena e Deus não está abrindo o mar e afogando Faraó. E às vezes somos assimilados, e perdemos a coragem. E a gente se chama por nomes desta terra aqui. Mas sabe, em Cristo a gente pode e deve ser lembrada de tudo o que somos e seremos. Em Cristo, a gente se torna parte de algo maior. Se o mundo é escuro, ele é a luz do mundo que resplandece nas trevas.

Ester é um livro que nos ajuda a viver em um mundo onde não vemos Deus atuando milagrosamente de forma cotidiana. É claro, poderíamos dizer que cada conversão é um milagre. Poderíamos falar ainda em cada pôr do sol, mas o fato é que vivemos numa era onde a nossa fé é constantemente contestada. A opção da descrença está ao nosso redor.[18]

Sobre o que é esse livro? É sobre Asuero? Sim, é sobre o fato de que a terra tem reis poderosos e o que eles fazem acaba de uma forma ou de outra por influenciar nossa vida. Seja qual for a casa em que você mora, Pérsia, Ocidente Secular, Nepal ou em países islâmicos, é uma casa com gente poderosa, sim, que pode mudar nossa vida. Mas não se impressione demais com eles, não. Sim, é sobre Assuero, mas não demais.

---

18 Veja James K.A. Smith em *How (not) to be secular* sobre a contestabilidade da fé e da descrença na era secular em que vivemos.

É sobre Mordecai? O judeu com nome de pagão que tinha alguma influência na corte e que disse para Ester esconder sua identidade judaica. Ele que agiu bem na cidade, protegendo a vida do rei. Ele que um dia disse "não mais" quando se viu ordenado a dobrar os joelhos diante de Hamã, descendente de velhos e ferozes inimigos do povo de Deus. Que de humilhado em pano de sacos e cinzas termina exaltado e poderoso em toda a Casa da Pérsia. Ele nos lembra que podemos mudar o rumo de nossa história mesmo que tenhamos fraquejado por muito tempo. O livro é a respeito dele? É sobre ele, sim, mas não principalmente.

É sobre Ester? Deve ser, não? Temos até o nome dela no livro! É sobre essa moça judia originalmente chamada Hadassa, que recebeu o nome gentio de Ester e que conseguiu por seus encantos se tornar a rainha do mundo pagão. Como nós, ela muitas vezes deixou de agir como deveria e não é lá o maior exemplo de comportamento em boa parte do livro. Mas, quando ela entende que é parte de algo maior, ela intercede em favor do seu povo e se identifica com ele. Com prudência, coragem e a risco próprio, ela nos mostra algo do que nós também podemos vir a ser pelo bem do povo de Deus, mesmo que por boa parte da vida tenhamos vivido como pagãos. Como diz Bryan Gregory: "No livro de Ester, uma figura real toma sobre si a luta de seu povo, encara perigo de morte em favor deles, e por causa de sua fidelidade traz salvação para o seu povo. Como resultado, o povo é cheio de alegria e celebra sua vitória sobre o mal e a

192 | ESTER NA CASA DA PÉRSIA

morte com grande festa".[19] Parece com Jesus, não? É sobre Ester? Não. No final das contas, não.

É sobre o dia em que se nos mudou a tristeza em alegria. O luto em festa. É sobre o fato de que mesmo que aqui neste mundo onde vivemos exilados pareça que Deus não está agindo, ele está sim. Deus agiu de forma escondida nessa história. Ao mesmo tempo escondido e presente. Aqui já podemos ter alegria, felicidade, regozijo, mas é sempre misto. Sempre agridoce. Ele usa até sorteios, homens maus e aumentos de impostos para levar adiante seu plano de salvar um povo para si de todas as tribos, línguas e nações. Purim é belo, mas é pouco para quem vive agora, depois da vinda de Cristo. Tem um dia ainda melhor que aponta por sua vez para um dia espantosamente ainda melhor.[20]

É planejado por Deus para ter uma festa dessa toda semana. As vezes até com comida. Sempre com música e discurso. Um dia para a gente se lembrar do dia em que a morte andou para trás e a tumba, que levava o corpo do Deus homem, ficou vazia. A "eucatástrofe". A boa virada de um mundo que parecia ir mal, mas de repente vai bem. Eis o domingo. O dia que se nos mudou de tristeza em alegria, de luto em dia de festa. Detrás da pedra não tinha nenhum corpo.

E domingo é apenas uma prévia. Uma prévia do dia em que de fato nos livraremos de todas as tristezas, de todo

---

19 Gregory, *Inconspicuous Providence*, LOC. 427-429.
20 Gregory, *Inconspicuous Providence*, LOC 403 para discussão mais delongada.

e qualquer luto. Descanso de nossos inimigos. Descanso da luta contra o diabo, contra a Pérsia deste mundo e contra mim mesmo, o pior de todos. Um dia você vai ser revestido de incorruptibilidade, mesmo que você seja Mordecai. Um dia você receberá um novo nome, mesmo que tenha preferido se chamar Ester. Vai receber, sim.

Como a gente fica? Às vezes, a gente fica semeando e chorando. Às vezes, a gente fica como quem sonha com a boca cheia de riso. Às vezes, a gente se veste de pano de saco e cinzas. E, às vezes, a gente faz festa e celebra. E vai alternando.

O livro de Ester é acerca disso. Do dia da vitória de Deus. Do dia do descanso. Do triunfo da casa de Deus sobre a casa da Pérsia. Olhando essas boas novas, vai ser possível viver melhor no aguardo pelo Dia.

O Ministério Fiel visa apoiar a igreja de Deus, fornecendo conteúdo fiel às Escrituras através de conferências, cursos teológicos, literatura, ministério Adote um Pastor e conteúdo online gratuito.

Disponibilizamos em nosso site centenas de recursos, como vídeos de pregações e conferências, artigos, e-books, audiolivros, blog e muito mais. Lá também é possível assinar nosso informativo e se tornar parte da comunidade Fiel, recebendo acesso a esses e outros materiais, além de promoções exclusivas.

Visite nosso site

www.ministeriofiel.com.br